NOTICE

HISTORIQUE ET STATISTIQUE

SUR

LE MARQUISAT DE LA TROUSSE

ET SES POSSESSIONS :

COCHEREL, CRÉPOIL, TANCROU,

RADEMONT, VIEUX-MOULIN, etc.

ET SUR

LA COMMUNE D'OCQUERRE

PAR

M. L. BENOIST

Notaire honoraire, Conseiller général, Membre de la Société d'Archéologie
de Seine-et-Marne (Section de Meaux), Officier de l'Instruction publique

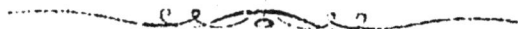

MEAUX

IMPRIMERIE DESTOUCHES

Rue de la Juiverie, 1, et quai Victor-Hugo, 16

--

1888

NOTICE

HISTORIQUE ET STATISTIQUE

SUR

LE MARQUISAT DE LA TROUSSE

ET SES POSSESSIONS :

COCHEREL, CRÉPOIL, TANCROU, RADEMONT, VIEUX-MOULIN, etc.

ET SUR

LA COMMUNE D'OCQUERRE

PAR

M. L. BENOIST

Notaire honoraire, Conseiller général, Membre de la Société d'Archéologie
de Seine-et-Marne (Section de Meaux), Officier de l'Instruction publique

MEAUX

IMPRIMERIE DESTOUCHES

Rue de la Juiverie, 1, et quai Victor-Hugo, 16

1888

PREAMBULE

Au xvᵉ siècle, une famille Le Hardy s'établit à La Trousse, près Lizy-sur-Ourcq, réunit en ses mains la seigneurie de ce lieu, de plusieurs paroisses voisines et de divers fiefs et en constitua un domaine qui fut au xviiᵉ siècle érigé en marquisat. C'est à cette famille que s'applique la présente notice, ainsi qu'à partie de ses possessions : Cocherel, Crépoil (aujourd'hui hameau), Tancrou, Mary-sur-Marne, trois fiefs à Saint-Jean-les-deux-Jumeaux, Rademont (aujourd'hui hameau), Vieux-Moulin, la Forest, le Fief-Vert, auxquels nous joindrons la paroisse d'Ocquerre, qui, bien que ne faisant pas partie du marquisat, renfermait La Trousse ; à l'égard de la terre et seigneurie de Lizy, elle fera l'objet d'une notice spéciale.

La carte ci-jointe dressée par M. Rainsart, instituteur à Coulombs, indique dans leur circonscription actuelle, peu différente de l'ancienne, la plupart des lieux dont il s'agit, avec la situation respective de chacun d'eux.

NOTICE HISTORIQUE ET STATISTIQUE

SUR

LE MARQUISAT DE LA TROUSSE

ET SES POSSESSIONS :

ÇOCHEREL, ÇRÉPOIL, JANCROU, RADEMONT,

VIEUX-MOULIN, ETC.

ET SUR

LA COMMUNE D'OCQUERRE

CHAPITRE Iᵉʳ

LE MARQUISAT DE LA TROUSSE

§ Iᵉʳ

LES SEIGNEURS

Jean Hardy. — Gérard. — Jean. — Raoul, seigneur de La Trousse. — Nicolas Le Hardy, grand prévôt de l'hôtel du roi. — Acquisition du prieur de Grandchamp, de la ferme du sieur de Marolles, de la terre et seigneurie de Crépoil. — Sébastien Le Hardy, grand prévôt de France; annexion de Vieux-Moulin, de Mary-sur-Marne, du Fief-Vert, de Cocherel en partie, du Vivier, de Rademont, de la Forest ; services de Sébastien Le Hardy ; il marie son fils, François Le Hardy, à Henriette de Coulanges ; il construit le château de La Trousse ; description sommaire. — François Le Hardy, élève de Chapelain ; ses services militaires ; sa mort. — Embarras de la maison de La Trousse ; demande en retrait ecclésiastique par le prieuré de Grandchamp ; abdication de la mère et des enfants en faveur du fils aîné ; dévouement de l'abbé de Livry, Christophe de Coulanges ; érection de la terre en marquisat (1651). — Le marquis Philippe-Auguste Le Hardy ; Marguerite Delafond, sa femme ; services militaires du marquis, il est lieutenant général ; acquisition de la terre de Lizy. — Marie-Henriette Le Hardy, marquise de Voghère, princesse de la Cisterne. — Ferdinand-Dal Pozzo, marquis de La Trousse ; donation par son aïeule et sa mère. — La comtesse d'Harville, dame d'honneur de Mme la comtesse d'Artois ; aliénation du marquisat. — Démolition du château. — Construction d'un nouveau château de La Trousse.

§ II

DOMAINE ET REVENUS DU MARQUISAT DE LA TROUSSE

§ Ier. — LES SEIGNEURS

La famille Hardy ou plus habituellement Le Hardy de La Trousse, originaire de la Brie, a dû son élévation au métier des armes ; elle y a servi la France pendant plus de trois siècles ; plusieurs de ses membres ont donné leur vie pour elle et sont morts glorieusement ; ils ont mérité qu'un des leurs, Philippe-Auguste Le Hardy, parvenu au grade de lieutenant général, reçût de Louis XIV, le titre de marquis et le collier de ses ordres. Cette famille a contracté d'honorables alliances en France, et, lorsque vint à lui manquer un héritier mâle, sa descendance entra dans une maison princière de Piémont ; puis, celle qui devait être la dernière de sa race, renouant les traditions militaires de ses ancêtres, devint la femme d'un soldat distingué de la première République et du premier Empire, en même temps qu'elle se montrait digne d'eux, en réunissant, par un heureux privilège, les plus rares mérites du cœur et de l'esprit.

Le premier membre de cette famille, dont les annales fassent mention, fut Jean Hardy, écuyer, qui en 1378, servait dans la Basse-Normandie sous le gouvernement du connétable Duguesclin (1). Il avait déjà le sceau que les Le Hardy ont conservé dans la suite : un chevron surmonté d'un lion léopardé.

(1) Le 10 août 1378, il donnait à Carentan quittance de 105 francs d'or pour ses gages et ceux de 13 écuyers de sa compagnie ; copie de la quittance se trouve à la Bibliothèque nationale, dossier Le Hardy, avec les noms des 13 écuyers. Les premiers francs furent frappés sous le roi Jean, en 1360 ; ils étaient d'or.

Après lui Gérard fut seigneur du Mai, et avait aussi le titre d'écuyer ; il guerroya et, en mourant, fonda deux messes dans l'église de sa seigneurie (1478 ou 1479) (1).

Jean, son fils, qualifié aussi écuyer, fut lieutenant général du bailliage de Meaux, depuis 1480 jusqu'à sa mort arrivée en 1504 (2). Il eut deux enfants : Raoul, qui a fait la branche de La Trousse et Jean, deuxième du nom, qui a fait la branche du Mai et de Bollard ou Bosliard (3).

Raoul, seigneur de La Trousse, était bailli du comté de Meaux en 1527. Il épousa Catherine Cappel qu'il prédécéda (avant septembre 1547), laissant un fils appelé Nicolas.

La seigneurie de La Trousse était destinée à s'agrandir rapidement, et à recevoir un château de grosse dépense, épargné par le vandalisme révolutionnaire pour être détruit bientôt après (4).

Nicolas Le Hardy (5) fut comme son père, bailli de Meaux, ainsi que nous l'apprend un acte passé devant Delahaye, notaire royal à Lizy, le 3 octobre 1553, contenant, par la famille Vincent, de Marnouc-les-Moines, reconnaissance et titre nouvel d'une rente de 2 setiers de blé froment et de 50 sous en argent, envers Catherine Cappel, qualifiée noble demoiselle et envers son fils Nicolas Le Hardy, qualifié noble homme.

Il se poussa énergiquement ; élevé près de la personne de

(1) Une tradition locale fait descendre les seigneurs de La Trousse d'un Philippe Hardi ou Le Hardy, tabellion à Lizy, dont ont survécu des actes datés de 1470 à 1502. Cette tradition est erronée ; le tabellionnage et le métier des armes n'avaient rien de commun ; le fils ou le frère d'un tabellion n'eût pu être écuyer et le fils ou le frère d'un écuyer n'eût daigné descendre au rang de tabellion : il y avait alors divorce absolu entre l'épée tenue par les nobles et la plume tenue par les manants ou roturiers.

Si les actes, sauvés de la destruction, du notaire Hardi ou Le Hardy, se trouvent dans les archives de La Trousse, c'est par ce qu'ils concernent la terre de Cocherel, qui y a été réunie ; il serait superflu de chercher une autre cause.

(2) Mémoires manuscrits de Rochard, à la Bibliothèque de la ville de Meaux.

(3) Le père Anselme donne au père de Raoul le nom de Gérard ; un acte, du 31 mars 1527, passé devant Pierre Leroy et Jean Contesse, notaires à Paris, le nomme Jean. Nous suivons l'indication de cet acte ; il a trait à la vente d'une rente perpétuelle de 12 setiers de blé froment, mesure de Meaux, moyennant 120 livres tournois.

(4) La Trousse est un hameau qui, de temps immémorial, a dépendu de la paroisse d'Ocquerre, à 3 kilomètres est de Lizy.

Son nom ne vient-il pas de Trossa ou Troussa, en français Trousse, droit seigneurial perçu sur les bêtes à laine ? Qui empêche de croire que les troupeaux de bêtes ovines étaient nombreux à La Trousse et aux environs et que la localité a pris le nom de la redevance, qui s'y percevait ?

(5) Il signait Hardy et non Le Hardy, bien qu'ainsi dénommé le plus souvent. Ses descendants signèrent Le Hardy ou le Hardy.

Henri II, il l'accompagna et le servit en ses expéditions et voyages, fut nommé commissaire des guerres par lettres patentes du 21 avril 1556 (1), fut fait chevalier de l'ordre du roi en juillet 1568, devint en 1570 maître ordinaire et grand prévôt de son hôtel, en 1571 gentilhomme de sa chambre (2).

Il n'avait pas toutefois recueilli, dans la succession de son père, l'entière seigneurie du territoire de La Trousse. La partie consistant en logis, colombier, terre et héritages qui, en 1524, appartenait à Guillaume de Noë et que la dame de La Ferté-au-Col, dont elle relevait, avait fait saisir féodalement, faute de foi et hommage, était passée entre ses mains ; mais une autre partie, non sans importance, comprenant la justice, haute, moyenne et basse, avec cens, rentes, dîmes, champarts et 31 arpents de terre, appartenait au prieuré de Grandchamp de l'ordre de Cluny, situé non loin de là (3). Nicolas Le Hardy s'en rendit adjudicataire, devant le bailliage de Meaux, le 21 septembre 1563, moyennant 1,193 livres tournois, indépendamment de 250 livres payées au prieur lui-même, pour être employées à l'achat de 15 arpents de terre, à son profit (4). Cette vente avait eu lieu, en vertu d'un édit du roi, du

(1) Bibliothèque nationale, manuscrits, registre 1482 : « Le roi l'appelle suivant l'usage, son cher et bien aimé varlet de sa chambre ordinaire. » Nicolas remplaçait Marc-Antoine de Saint-Julien.

(2) Le grand prévôt de l'hôtel du roi présidant le tribunal chargé de juger les délits et procès entre les gens de la cour. Il avait juridiction sur toute la maison du roi.

Les gentilshommes de la chambre du roi avaient remplacé le grand chambrier, un des cinq grands officiers de la couronne. Il n'y en eut qu'un de 1545 à 1591, puis deux sous Henri IV, et quatre à partir de Louis XIII. Outre des appointements se montant à 9,500 livres ils avaient 4,500 livres de pension et des profits très-considérables. (Ludovic Lalanne, Dictionnaire historique de France). C'étaient les premiers gentilshommes de la chambre. Nous avons vu plusieurs générations des Gesvres se succéder dans cette fonction (Notice historique et statistique sur Crouy et le duché-pairie de Gesvres; au-dessous d'eux étaient les gentilshommes ordinaires servant par semestre.

(3) Le prieuré de Grandchamp achetait des biens sur La Trousse en 1259; il avait, en outre, la mouvance de divers héritages, qui y étaient situés (acte du 11 mars 1380, devant Tranchant, tabellion à Coulommiers); plus récemment le 23 décembre 1455 (acte Cagnost, tabellion à La Ferté-au-Col), Jean Radingand, de Meaux, lui reconnaissait le droit de haute, moyenne et basse justice, dîme, cens, terrages et autres redevances, à La Trousse, notamment sur une pièce de terre, dite les Carreaux, ayant appartenu à Jean de Noë, située devant la porte des champs du grand hôtel du lieu.

En 1524, le prieuré de Grandchamp avait loué, à Pierre Robiche, sa justice et mairie de La Trousse, moyennant 35 sous tournois, par an « à la charge de juger et administrer justice à un chacun, qui le requerrait. »

(4) Déjà en 1560, Nicolas Le Hardy avait payé à Guillaume de Grandrue, prieur de Grandchamp, 1,500 livres tournois, et avait employé 500 livres au nom de celui-ci. — Les actes ne disent pas la cause de ces paiements.

23 mai 1563 ; elle fut ratifiée le 25 novembre 1565 (1), par le prieur de Grandchamp, tant pour lui que pour ses religieux, puis par Jean Henri, chanoine de l'église collégiale de Saint Saintin, de Meaux, syndic député du clergé du diocèse pour le fait des aliénations ecclésiastiques, et enfin par le sacristain du prieuré de Grandchamp. Nicolas Le Hardy avait été mis en possession de son acquisition, suivant procès-verbal dressé le 31 octobre 1563, par le premier et plus ancien juge du bailliage et siège présidial de Meaux, mise en possession qui avait consisté dans l'entrée de l'acquéreur sur la terre acquise et dans la tradition d'une motte de cette terre, faite en présence de 17 « manants et habitants de La Trousse, représentant la plus grande et saine partie des habitants de ce lieu » (2).

Nicolas Le Hardy put se croire sûrement établi dans sa nouvelle possession ; nous verrons que, nonobstant toutes ces précautions, il n'en était rien.

Il réunit en outre à son domaine une ferme et 145 arpents de terre et pré, qu'il acquit avec 3 muids de blé de rente, d'un sieur de Marolles et la terre et seigneurie de Crépoil, paroisse limitrophe de La Trousse, qu'il acheta le 2 avril 1572, de « noble homme et sage maître Antoine Barillon, sieur d'Anthenay et de Mauey, maître ordinaire en la chambre des Comptes à Paris, et de demoiselle Louise de Billon, dame de Crépoil, sa femme. » (3) Dans la pensée d'un avenir qui devait se réaliser, il prit ses dispositions pour que sa seigneurie ne pût être divisée après lui : afin d'en assurer la transmission intégrale, il en fit donation par acte public du 23 décembre 1589, d'abord à son fils unique, Sébastien Le Hardy, et pour le cas où celui-ci mourrait sans enfants, à Robert Chesneau, écuyer, enfin pour le même cas de décès de celui-ci sans postérité, à Nicolas Leclerc, son neveu, fils de Nicolas Leclerc, conseiller au Parlement, président des requêtes du Palais (4).

Il mourut, avant le 17 décembre 1596, laissant pour héritier son fils Sébastien Le Hardy.

(1) Charles Mahaut et Robert Foulard, notaires à Paris.

(2) On reconnaît par ces procédés que le droit ne s'était pas encore dégagé du formalisme matériel.

(3) Jean Brigaud et Robert Foucaut, notaires à Paris. Cette acquisition comprenait aussi 9 à 10 arpents de bois taillis, près Certigny.

(4) Cléophas Piron et Joas Reperand, notaires à Paris.

Veuf en premières noces sans enfants de Magdeleine de l'Aubespine, il avait épousé, en juillet 1560, Madeleine Leclerc, fille de Nicolas Leclerc, seigneur du Tremblai, et de Madeleine Barthélemy (1). Elle lui survécut, et fit rentrer en janvier 1597, au domaine de Crépoil, par puissance de fief, une maison et 52 arpents de terre, vendus par Pierre et Roland Vaillant, en remboursant à l'acquéreur le prix qui était de 656 écus deux tiers d'écu sol ou 1,970 livres (2). Par son testament, en date du 18 juillet 1607, elle demanda à être enterrée avec ses ancêtres « à Saint-André » et fit divers legs, dont celui de 300 livres aux pauvres de La Trousse et de Crépoil. Elle mourut entre le mois de juillet 1607 et le 26 novembre 1608.

Sébastien Le Hardy fut membre du conseil d'État et du conseil privé du roi, gentilhomme ordinaire de sa chambre, prévôt de son hôtel, puis grand prévôt de France et capitaine des gardes de la porte de Sa Majesté (3). Il accrut sensiblement ses possessions en y réunissant, le 20 décembre 1607, la terre et seigneurie de Vieux-Moulin ; le 25 mars 1609, celle de Mary-sur-Marne, avec le fief des Riches ou de Fleurigny sur Cocherel ; vers 1620, partie de la seigneurie de Cocherel et le fief du Vivier ; en 1624, la seigneurie de Rademont ; en 1652, le Fief-Vert à Vendrest. Il y adjoignit aussi le fief de La Forest et des possessions sur Tancrou et Ruthel. Bref le futur marquisat de La Trousse atteignit avec Sébastien Le Hardy presque toute son étendue (4).

Il épousa, en premières noces, au mois de juillet 1601, Suzanne Olivier, petite fille de François Olivier, qui avait été chancelier de

(1) Contrat de mariage devant Payard et Payen, notaires à Paris, du 12 juillet 1560.

(2) Voir acte Guyot, notaire à Lizy, du 4 janvier 1597.

(3) Le titre de grand prévôt de France remplaça celui de prévôt de l'hôtel du roi avec une juridiction plus étendue ; il avait auprès de lui deux lieutenants généraux de robe longue, un procureur du roi, un substitut, un greffier, un trésorier payeur des gages, douze procureurs, quatre huissiers, trois notaires pour la suite de la cour ;

Et encore : Un lieutenant général d'épée, quatre lieutenants d'épée, douze capitaines exempts, un maréchal des logis, 94 gardes, etc.

Il avait droit à l'or et à l'argent de la ceinture des malfaiteurs qu'il jugeait et condamnait.

(4) Le 30 novembre 1631 (acte Guyot, notaire à Lizy), il louait les cens et rentes seigneuriales (sauf blé et avoine), lui appartenant, à cause de ses fiefs, terres et seigneuries de La Trousse, Crépoil, Cocherel, La Forest, Tancrou, Rademont, Ruthel, fief de Condé (à Mary), fief des Riches, Le Vivier, Vieux-Moulin, avec les droits de lods et de ventes, saisine et amende jusqu'à 50 livres. Le prix de la location était de 480 livres et 2 chapons par an.

France (1), et en deuxièmes noces, au mois d'avril 1617, Louise Hennequin, de la famille qui possédait, près de Lizy, Manœuvre, Vincy, Acy-en-Multien, veuve de Pierre Boucher d'Orsai, seigneur de Vernoy et de Houille, conseiller au parlement de Paris (2).

Les lettres-patentes de 1651, que nous mentionnons plus loin, nous apprennent que, dès son enfance, il rendit de fidèles services à son roi, les continua à Henri III, à Henri IV, à Louis XIII, qu'en toutes les guerres, sièges, assauts et batailles, il s'est comporté avec valeur, et qu'au siège de Montpellier (1622), par un consentement général de la noblesse qui assistait Louis XIII, l'honneur lui fut déféré de porter la cornette blanche (3).

Il eut de son premier mariage un fils aîné nommé François, baptisé, le 5 août 1605, à Crépoil (4), qu'il maria au mois de septembre 1631, à Henriette de Coulanges, fille de Philippe de Coulanges et de Marie de Besze. Au contrat de mariage (5) figurent Marie de Coulanges, veuve de Messire de Rabutin, sœur d'Henriette et mère de celle qui sera madame de Sévigné ; Christophe de Coulanges, abbé de Livry, que Mᵐᵉ de Sévigné appelle le « bien bon », André Frémiot, archevêque de Bourges, frère de la baronne de Chantal qui fonda la Visitation, André Lefèvre d'Ormesson, père du magistrat qui refusa courageusement de condamner Fouquet, et à côté de ces personnages, Jean Chapelain (le poète), « gentilhomme suivant du seigneur de La Trousse ». Henriette de Coulanges recevait en dot 120,000 livres (6) ; le futur époux, 4,000 livres de rente (7) et l'office de grand maître mesu-

(1) Contrat de mariage du 19 juillet 1601, devant Nicolas Robinet et Jean Thibert, notaires à Paris. La future apporte en mariage 8.000 écus.

(2) Il doua sa seconde femme de 1.200 livres de rente viagère, plus de 700 livres de rente pour son logement. Au contrat de mariage, passé le 21 avril 1617, devant Herbin et Fieffé, notaires à Paris, figurent Jean et Charles Olivier, deux des frères de l'Aubespine de Chateauneuf, qui fut chancelier de France ; Michel de Marillac, qui fut revêtu de la même dignité, etc.

(3) C'était la cornette ou drapeau de « la mestre de camp », ou premier régiment de cavalerie.

(4) Le parrain a été Guillaume Vien, curé de Crépoil, et la marraine Jehanne Nanette, sa servante. La naissance de cet enfant avait-elle pris la famille au dépourvu ?

(5) Vigeon et Demas, notaires à Paris.

(6) Dans ces 120.000 livres figure, pour 39.777 livres 7 sous 2 deniers, le greffe de l'élection de Pont-l'Evêque, en Normandie, avec les droits y attachés.

(7) Les 4.000 livres de rente étaient à prendre : 700 livres sur la ferme de Cocherel ; 300 livres sur celle de la Forest ; 700 livres sur la seigneurie de Rademont ; 800 livres sur celle de Vieux-Moulin ; 360 livres sur celle de Mary et 1.140 livres sur la ferme de La Trousse

reur et arpenteur général de France, aux gages de 2,000 livres, dont il fut investi par lettres-patentes du roi, du 23 avril 1632 (1).

Ce mariage paraît avoir comblé les vœux de Sébastien Le Hardy, qui témoignait à sa belle-fille la plus tendre affection. Après lui avoir offert, le jour des fiançailles « une enseigne d'or composée de plusieurs diamants, tant grands que petits », il lui faisait, en apprenant sa grossesse « et dans l'espérance d'être le parrain de son enfant, s'il plaisait à Dieu de lui donner la vie » don par acte notarié, « d'un lit de velours zinzolin, chamarré de passements d'or et d'argent, d'un fauteuil, de deux chaises à bras, six autres chaises à haut dossier, un tapis de table, le tout couvert de velours zinzolin, trois autres chaises de velours cramoisi rouge et un autre tapis de Turquie ». Nous relatons ce détail pour ce qu'il révèle de touchante simplicité (2).

Ce fut Sébastien Le Hardy qui construisit le château de La Trousse. (3).

Ce château se composait d'un principal corps terminé par deux pavillons, avec deux ailes, que terminaient aussi deux autres pavillons ; cour d'honneur ; avant-cour bordée de bâtiments couverts en ardoises, pavillon à chaque extrémité ; deux autres de chaque côté de la grille d'entrée ; grands fossés à fond de cuve, entourant le château.

Les appartements étaient nombreux, élégamment ornés ; à gauche régnait une grande et large galerie, garnie elle-même de panneaux peints et éclairée par huit fenêtres sur la cour.

La chapelle à l'extrémité de cette galerie fut décorée de pein-

(1) Les lettres patentes se fondent sur « les sens, suffisance, expérience, diligence, loyauté, prudhommie et intégrité, valeur, générosité, fidélité et affection du sieur de La Trousse, au bien du service du roi ». Quelles innombrables qualités pour une fonction inutile, qui fut supprimée avant la fin du siècle!

(2) Dumas et Levasseur, notaires à Paris, 26 août 1632.
Zinzolin signifie violet rougeâtre.

(3) Voir actes Guyot, notaire à Lizy, 23 août 1596 et 7 novembre 1634. Dans son contrat de mariage avec Louise Hennequin, du 26 avril 1617, Sébastien Le Hardy stipule que les gratifications, que pourra lui valoir, en 1617 et 1618, son état et charge de capitaine des gardes de la porte de Sa Majesté, pourront être employées, jusqu'à concurrence de 18.000 livres « au parachèvement du château de La Trousse. » Il résulte de pièces originales conservées à la bibliothèque nationale (registre 482), qu'en effet Sébastien Le Hardy reçut du roi à titre de gratification, entre autres cadeaux, en 1618, 1.000 livres, en 1620, 2.000 livres, en 1627, 3.000 livres. Il recevait en outre par an 3.000 livres comme capitaine des gardes, 2.000 livres comme conseiller d'État et 2.000 livres comme grand maître mesureur et arpenteur.

tures de la main de Mignard qui y travailla durant plusieurs années et faisait à La Trousse des séjours de trois mois (1).

Les parterres, le parc de près de 100 arpents, les potagers, les communs, étaient en rapport avec le château.

Pour animer les parterres, Sébastien Le Hardy amena au moyen de tuyaux souterrains et distribua dans son château l'eau d'une fontaine, située vers Cocherel, dite du Vivier, dont le sieur Darcry lui avait fait la concession gracieuse (2).

Cette habitation, suivant les lettres-patentes de 1651, relatées plus loin, était « richement construite et de grandeur capable de loger convenablement et avec sûreté, la propre personne du roi ». Ces derniers mots font allusion à la visite et au séjour qu'avait daigné y faire le roi Louis XIII lui-même, qui, assure-t-on, aurait salué cette résidence seigneuriale de ce jeu de mots : « Voilà un château bien troussé » (3). A cette visite royale succédèrent plus tard celles de la spirituelle et délicate marquise de Sévigné, dont Henriette de Coulanges était la tante (4).

Sébastien Le Hardy mourut, au mois de septembre 1632, et fut inhumé, le 28 de ce mois, au grand couvent des Cordeliers de Paris, en la chapelle Saint-Bonaventure, auprès de sa première femme (5).

Il laissait, outre François Le Hardy, son fils aîné, dont nous avons parlé plus haut, un autre fils de son premier mariage, prénommé aussi François, sieur du Fay, et, de son deuxième mariage,

(1) Cette chapelle jouissait, et celle qui l'a remplacée, jouit d'un privilège assez rare, celui d'être exempte de la juridiction du curé de la paroisse; elle relève directement et immédiatement de Rome.

On attribue à Mignard notamment le tableau du rétable d'autel aujourd'hui transporté en l'église de Dhuisy, représentant l'adoration des mages avec panneaux représentant Saint-Louis, Charlemagne, un pape, un évêque et des anges.

Les propriétaires du nouveau château de La Trousse ont conservé, comme venant de l'ancien, deux portraits peints et signés par Mignard, l'un de Louis XIII et l'autre d'Anne d'Autriche.

(2) Acte Guyot, notaire à Lizy, du 15 novembre 1618.

(3) Au château de La Trousse sont conservés un fauteuil et divers objets garnissant la chambre que Louis XIII y a occupée.

(4) Une tradition locale rapporte que Mme de Sévigné aimait à cueillir les fruits des cerisiers de l'avenue conduisant à Crépoil et dont quelques-uns, assure-t-on, existent encore. Sa signature se lit sur les registres de paroisse de Crépoil à la date du 2 novembre 1653 au bas de l'acte de mariage d'une femme de chambre de Mme de La Trousse. En 1655, le 14 septembre, la fille de Mme de Sévigné, qui fut plus tard Mme de Grignan a signé les mêmes registres comme marraine.

(5) Il n'a pas conservé jusqu'à son décès la charge de prévôt de l'hôtel du roi et de grand prévôt de France. Il l'avait vendue le 14 janvier 1629 (Pourcel et Demas, notaires à Paris), à Georges de Monchi, seigneur d'Hoquincourt, père du maréchal de ce nom.

un fils, Adrien, dit le chevalier de La Trousse, baptisé en l'église Saint-Paul, de Paris, le 16 janvier 1620, et une fille Françoise, mariée plus tard à Antoine Agélisan de Grossoles, marquis de Flamarens (1) ; il avait en outre deux enfants naturels auxquels il légua ou confirma par testament du 22 août 1632, 200 livres tournois de rente, en même temps qu'il recommandait de retrancher de ses funérailles toute pompe et cérémonie superflue.

Il avait confié l'éducation de ses fils à Chapelain, qui devait être un des premiers membres de l'Académie, acquérir une véritable renommée littéraire, écrire La Pucelle, dont les douze premiers chants furent réédités six fois en dix-huit mois, et se voir cruellement immolé par Boileau ; au demeurant, homme d'honneur et de cœur, refusant, malgré les instances de Montausier, d'être le précepteur du dauphin, recommandant à la bienveillance du roi même ses critiques et ses adversaires, plein d'une ferme admiration pour Corneille, consulté par Racine, l'aidant à obtenir une première pension et montrant, en toute occasion, une noble indépendance de caractère.

Sébastien Le Hardy conserva dix-sept ans, à son service, ce littérateur de grande probité. Chapelain, après la mort de ce seigneur, et peut-être en souvenir de lui, fut pourvu en commende du prieuré de Grandchamp, par Armand de Bourbon, prince de Conti, abbé de Cluny ; mais la possession de ce prieuré lui fut disputée par dom François Chappelier, qui le tenait de son frère dom Pierre Chappelier, et, en 1648, Chapelain céda ses droits, moyennant 600 livres de pension viagère, à dom Claude de Sennety, prieur claustral du prieuré de Saint-Martin-des-Champs, à Paris (2).

Le fils aîné du grand prévôt de France, François Le Hardy, succéda à son père, dans le château de La Trousse (3). Il suivit avec

(1) Le marquis de Flamarens fut tué le deuxième jour du combat de la Porte Saint-Antoine (2 juillet 1652) durant la Fronde.

(2) Jal, dictionnaire critique. Verbo Chapelain.
La bibliothèque du château de La Trousse était, dès cette époque, assez nombreuse et bien choisie. On y reconnaît la main de Chapelain ; composée d'ouvrages français, espagnols, italiens, nous y trouvons, pour ne citer que des ouvrages écrits en français (originaux ou traductions), au milieu de romans aujourd'hui oubliés (combien des nôtres vivront même un demi-siècle ?), Rabelais, Montaigne, Charron, Marot, Regnier, Malherbe, Saint-Amand, Saint-François de Sales, Saint-Augustin, Guichardin, Tite-Live, Diodore de Sicile, Lucain, Pline, des ouvrages sur l'art militaire, la vénerie de Dufouilloux, etc.

(3) Par un premier acte du 11 avril 1633 (Demas et Levasseur, notaires à Paris) les deux enfants de Susanne Olivier partagèrent 2.534 livres 10 sous 10 deniers de rente sur les gabelles, les aides, le clergé, les recettes générales provenant de leur

distinction la carrière des armes, servit dès sa première jeunesse sous le connétable de Lesdiguières, prit part à l'expédition de ce connétable et du duc de Savoie contre Gênes (mars 1625), à la reprise de l'île de Ré (septembre suivant), au mémorable siège de La Rochelle, dirigé par Richelieu lui-même (1628) : après la rupture de la France avec la Savoie, il fut employé à la conquête de ce pays, et « eut l'avantage d'attaquer seul et d'ouvrir la barricade du Mont Saint-Maurice, défendue par 300 mousquetaires ». Il fut nommé, le 10 février 1635, capitaine en chef d'une compagnie de 90 chevau-légers, aida à reprendre Corbie sur les Espagnols (14 novembre 1636), puis Damvillers (27 octobre 1637), et périt à la tête d'un régiment de cavalerie, le 8 juillet 1638 devant Saint-Omer, tué par le chef de la cavalerie espagnole Coloredo, auquel il porta lui-même un coup mortel. Il n'avait que 33 ans.

Il fut inhumé le 11 juillet au grand couvent des Cordeliers, en la chapelle de Saint-Bonaventure, auprès de son père et de sa mère (1).

Chapelain qui avait conservé des relations d'amitié avec ses an-

mère ; le lendemain il fut fait partage entre les quatre enfants de Sébastien Le Hardy, de 7.887 livres 5 sous 5 deniers de pareilles rentes au capital de 69.880 livres 8 sous 1 denier. (Ces rentes étaient capitalisées : sur les aides, au denier onze ; sur le clergé, au denier dix ; sur les gabelles, au denier neuf ; sur les recettes générales, au denier six ; soit à l'intérêt de 9 1/11, 10, 11 1/9 et 16 2/3 pour cent ; les biens fonds furent l'objet d'une licitation dont on parlera plus loin.

(1) Son frère Germain-François du Fay, brave soldat comme lui, blessé à la prise de Saluces de deux coups de feu, eut après lui le commandement de son régiment de cavalerie ; il fut ensuite lieutenant colonel du régiment de la marine, créé en 1636, corps favori du cardinal de Richelieu, le commanda à Rocroy où il fut blessé, devint maître et maréchal de camp, se trouva à Thionville, où périt le marquis de Gesvres (10 août 1643), à Roses (31 mai 1645), dont il fut fait gouverneur, en considération de sa valeur devant cette place et fut tué devant Tortose (juillet 1648), laissant de son mariage avec Marie Barthélemy, deux filles seulement dont l'une épousa Jacques Claude de la Palu, comte de Bouligneux. Il était digne de son aîné.

Mme de Motteville raconte, dans ses mémoires, de quelle courtoise façon François Le Hardy du Fay expédiait son homme en duel ; « c'était un brave et honnête homme et si civil que, même quand il se battait en duel, ce qui lui arrivait souvent, il fallait des compliments à celui contre lequel il avait affaire. Lorsqu'il donnait de bons coups d'épée, il disait à son ennemi qu'il en était fâché et, parmi ces douceurs, il donnait la mort aussi hardiment et avec autant de rudesse que le plus brutal de tous les hommes. »

Le troisième frère Adrien dit le Chevalier marcha sur leurs traces ; il était présent à Rocroy comme capitaine dans la Marine, commanda ce régiment en 1644 et devint maréchal de camp en 1651. Il mourut en 1691.

Fay était une seigneurie dépendant de la paroisse de Chailly-en-Bierre (Seine-et-Marne). Le hameau de ce nom existe encore.

Bien que le nom de cette seigneurie fût porté par le second fils de Sébastien,

ciens élèves, et entretenait avec eux une correspondance assez suivie, écrivait à Balzac le 17 juillet 1638, au sujet de la mort du marquis de La Trousse : « Ce gentilhomme était comme mon enfant ; je m'étais de tout temps intéressé dans son honneur et sa fortune ; j'en étais tendrement et respectueusement aimé, et je puis assurer que j'étais aimé d'un des plus grands courages que la France ait produits et d'une âme aussi chrétienne et aussi généreuse qu'on ait vu dans ce siècle. »

Ces termes émus sont un éloquent témoignage du mérite de François de La Trousse et de l'estime qui lui était due (1).

Trois ans à peine s'étaient écoulés depuis que le même Chapelain avait salué en ces termes la naissance du premier fils de son élève :

» Paris, 27 Mars 1634.

» Madame de la Trousse,

» à La Trousse,

« Madame, vous croirez malaisément la joie que j'ai eue, « lorsqu'on m'a dit la première nouvelle de votre heureuse « délivrance, je n'oserais dire, de ce que vous avez mis au monde « un garçon, de peur que vous ne croyez que je fasse plus de cas « de mon sexe que du vôtre ; mais je le dirai pourtant, puis « qu'ayant déjà donné l'être à deux fort belles filles, il semblait « qu'elles vous demandâssent un frère pour leur appui, et votre « maison, un rejeton qui pût un jour représenter Monsieur son « père en toutes choses... »

Depuis cette lettre, il était né un second fils et une troisième fille : François de la Trousse laissait cinq enfants dont l'aîné n'avait pas six ans : Marie-Henriette, Suzanne, Philippe-Auguste, Louis et Anne. Cette mort prématurée eût pu être fatale à la maison de La Trousse ; la situation pécuniaire n'était pas sans embarras ; la construction du château avait coûté 300,000 livres ; le mobilier, dont nous avons le détail sous les yeux (2), avait demandé une

celui-ci qui l'avait possédée, l'avait cédée par échange, le 8 décembre 1628 (Jean-Poncelet et Jean Demas, notaires à Paris) à Roch de Limoges sieur de l'orèt, intendant du jardin royal de Vincennes (Archives de Seine-et-Marne. E. 283).

(1) Chapelain prescrivit que les portraits du marquis et de la marquise de La Trousse et de la marquise de Flamar restassent à jamais placés dans sa bibliothèque,

Boileau est injuste envers la personne de Chapelain, quand pour le rabaisser, il en fait un archer « de son maître La Trousse, le suivant à pied, quand il allait en housse. » Si les vers de Chapelain étaient mauvais, ses qualités personnelles étaient excellentes.

(2) Acte Guyot, notaire à Lizy, du 20 octobre 1638.

forte somme ; le passif, laissé par Sébastien Le Hardy n'avait fait que s'accroître, François Le Hardy n'ayant que la maigre charge d'arpenteur général de France, outre sa charge de capitaine qui exigeait un équipage coûteux (1). Pour comble d'embarras, Henriette de Coulanges fut menacée dans la possession même du château : il était construit sur partie des trente-et-un arpents achetés du prieuré de Grandchamp, en 1563, par Nicolas Le Hardy ; le prieuré jugea le moment opportun d'exercer le retrait ecclésiastique : c'était la faculté pour les établissements d'église de rentrer en possession des biens par eux aliénés pour cause de subventions, à la seule charge de rembourser le prix de l'aliénation, privilège contre lequel, paraît-il, les précautions les plus minutieuses, les stipulations les plus solennelles et les plus expresses ne pouvaient garantir l'acquéreur : nous avons vu l'abbaye de Jouarre l'exercer, après 90 ans et se faire payer, une seconde fois, le domaine qu'elle avait aliéné, sous le sceau du roi et du pape (2). Il en fut de même à La Trousse. Sans attendre que le grand conseil, auquel, à tout évènement, le litige avait été déféré, se fût prononcé, Henriette de Coulanges dut, pour conserver à ses enfants le château de La Trousse, abandonner au prieuré de Grandchamp, trente-et-un autres arpents de terre sur La Trousse même, ne recevant pour toute restitution que 57 livres 6 sous 8 deniers de rente sur le clergé de France, ayant fait partie du prix de l'acquisition de 1563 (3).

Dans ces conjonctures difficiles Henriette de Coulanges ne désespéra pas ; elle trouva un affectueux appui dans ses deux frères, « le bien bon » et Louis de Coulanges, sieur de Chezières ; plus tard dans sa nièce madame de Sévigné qui « l'aimait et l'honorait parfaitement. » ; le roi lui-même, comme pour restaurer la maison de La Trousse, confirma et consacra le titre de marquis que deux générations déjà avaient plus ou moins régulièrement porté. Par lettres-patentes du mois d'août 1651, il le conféra officiellement au jeune Philippe-Auguste, âgé alors de 16 ans, resté, par le prédécès de Louis, seul enfant mâle. D'autre part les trois sœurs s'effacèrent devant leur frère. Anne prit le

(1) Il avait à l'armée, outre son cheval de bataille estimé 2.600 livres, 10 autres chevaux, 2 haquenées, 2 jumentes, 6 chevaux de charrettes, 3 mulets.

(2) Notice historique sur May-en-Multien.

(3) Transaction, du 5 avril 1655, devant Déhénault, notaire à Paris. Le prieur stipule l'exemption pour les 31 arpents à lui abandonnés de cens, lods et ventes, même de bailler homme vivant et mourant.

voile, et fit profession au couvent de la Visitation de Meaux ; moyennant une dot de 6.000 livres, indépendamment de 2.000 livres pour « la prise d'habit, vêture, présent d'église, et autres frais, » elle renonça à tous droits échus et à échoir dans les biens de La Trousse et de la succession de sa mère (1653) ; semblable renonciation fut donnée bientôt après (1660) par Marie-Henriette et Suzanne, moyennant une rente viagère de mille livres que leurs oncles maternels, Christophe et Louis de Coulanges, constituèrent au profit de chacune d'elles (1).

Quoi qu'il en soit, une riche alliance pour Philippe-Auguste Le Hardy était nécessaire ; madame de Sévigné le sentait vivement, elle y donna ses soins et l'alliance souhaitée se rencontra. Le marquis de La Trousse épousa, le 20 avril 1660, Marguerite Delafond, fille de Jacques Delafond, secrétaire du roi et de ses finances et de Marguerite Bannelier. La future apportait 300.000 livres, dont 200.000 livres durent être appliquées à l'extinction des dettes du marquis. D'autre part, pour accumuler dans les mains de celui-ci tout le bien présent et à venir de la maison de La Trousse, en même temps que Marie-Henriette et Suzanne accomplissaient, en faveur de leur frère, leur plein et entier dépouillement, Henriette de Coulanges, sa mère l'investissait dès lors de tous ses biens, sans exception, se réduisant à une rente viagère de 2.000 livres (2). Au moyen de cette triple abdication la maison de La Trousse était sauvée. C'était la loi suprême dans les familles de noblesse ; tous devaient s'incliner devant cette loi, sœurs, frères, mère ; tout devait céder, projets et rêves d'avenir, espérance de maternité, désir et droit d'accomplir sa destinée dans les luttes et les joies de la vie.

(1) « Le Bien-Bon » pour avantager son neveu, le marquis de La Trousse, lui remit entre les mains 30.000 livres à la condition de se charger du service des rentes de ses sœurs.

(2) Contrat de mariage devant Déhénault et Moufle, notaires à Paris, du 19 avril 1660. Nous y voyons figurer Nicolas Fouquet, surintendant des finances, allié ; Mme de Sévigné, cousine germaine ; de Verthamon, seigneur de Manœuvre, près Lizy ; Marie Boucher, veuve du duc de la Vieuville, qui avait été surintendant des finances, Charles, duc de la Vieuville, son fils, etc.

Mme de Sévigné recommanda son jeune cousin de La Trousse à Fouquet au moment de sa plus haute fortune. Celui-ci par une singulière inattention avait mêlé les lettres de Mme de Sévigné à ses lettres galantes, et lors de la disgrâce du surintendant elles furent saisies avec celles-ci. Mme de Sévigné en plaisante fort agréablement. (Voir lettre de Chapelain à Mme de Sévigné du 3 octobre 1661 et de celle-ci à Ménage du 9 du même mois). Il y eut ultérieurement quelque froideur entre Mme de Sévigné et son cousin qui montra peu de reconnaissance de ses soins et services.

On comprend que la terre, seigneurie et marquisat de La Trousse à laquelle s'était ajouté le fief de Candilly (1), avait été assurée exclusivement au mari de Marguerite Delafond. Le 9 juin 1654, Henriette de Coulanges s'était rendue adjudicataire, pour ses enfants, de la part des autres ayant-droit, moyennant 151.000 livres (2). La jeune marquise pouvait donc prendre possession sans trouble et jouir sans partage du château auquel Henriette de Coulanges ajouta de nouveaux embellissements pour le rendre plus digne de son opulente belle-fille. Toutefois elle dut souffrir le partage du nom de La Trousse : la veuve de François Le Hardy du Fay, frère puiné de François s'était réservé pour elle et ses filles le droit de continuer à le porter et le chevalier Adrien Le Hardy, autre frère, avait stipulé le même droit, pour lui personnellement.

Le marquis de La Trousse n'avait pas attendu son mariage pour se préparer à soutenir son nom. Fidèle au parti du roi dans les troubles de la minorité de Louis XIV, il parvint à une compagnie de cavalerie en 1653 (3), était avec son cousin Bussy devant Valenciennes en 1656, partagea avec ses plus vaillants officiers la défaite infligée à l'armée du maréchal de La Ferté et fut fait prisonnier. Héritier de la valeur de son père, avec non moins de mérite, il sut se concilier l'amitié de Louvois et s'en montra digne (4). Il fut brigadier des armées en 1672, fit en cette qualité campagne dans la guerre de Hollande, commanda au siège de Doësbourg, investit Maëstricht en présence du roi (1673) et y fit preuve d'une valeur distinguée ; passa durant l'année 1674 avec la gendarmerie dans la Franche-Comté, revint en Flandre, marcha

(1) Ce fief près La Trousse avait été légué à François Le Hardy, par Robert Chesneau, suivant testament du 7 décembre 1610.

(2) Acte devant Jean Lecat, notaire à Paris. Cet acte présente un exemple de la confusion que produisait la diversité des coutumes ; les parties n'avaient pas pu déterminer à quelles coutumes étaient soumises La Trousse et ses dépendances, elles avaient remis la solution de la question à des magistrats et des juristes ; ceux-ci, non moins embarrassés, refusèrent de se prononcer et l'on ne put sortir d'indivision que par une licitation, dans laquelle aucune des parties ne connaissait exactement ses droits. On s'entendit toutefois, à forfait, sur le partage du prix.

(3) Le conseil de famille avait autorisé sa mère à emprunter 10.000 livres pour le mettre en équipage et pour « satisfaire à celui avec lequel il pourrait traiter d'une place d'officier en l'armée du roi. » Le même conseil de famille avait autorisé un emprunt de 8.000 livres pour la dot et les frais de la profession religieuse de Anne Le Hardy de La Trousse.

A cette réunion figurait Henri de Mornay de Montchevreuil, cousin d'Henriette de Coulanges.

(4) Mémoires du marquis de Sourches.

en Alsace, fut créé maréchal de camp en 1675, servit sous le marquis de Rochefort, assiégea le château de Huy et fut ensuite envoyé rejoindre le maréchal de Créqui dans le pays de Trèves.

Il se trouva à la funeste journée de Konz-Saarbruck où le maréchal de Créqui, surpris par une attaque audacieuse de l'ennemi, fut défait et obligé de se jeter dans la ville de Trèves (11 août).

Après la déroute de l'aile gauche de l'armée française et les efforts héroïques, mais infructueux de l'aile droite : « restaient au centre sous les ordres du marquis de La Trousse les deux bataillons des gardes et le bataillon de la Couronne ; ils étaient comme noyés au milieu des flots pressés et tumultueux de l'armée victorieuse Le premier bataillon des gardes disparut sous le choc d'une masse énorme de cavalerie, ses débris se relevèrent, essayèrent de se rallier, reçurent un nouveau choc et furent anéantis. Le second bataillon et celui de la Couronne tinrent ferme, chargés de tous côtés, mais faisant partout face à l'ennemi, perdant la moitié de leurs hommes, mais serrant les rangs à mesure ; ils parvinrent à gagner un bois où ils se jetèrent (1). »

On fut quelque temps sans nouvelle du marquis de La Trousse ; on savait qu'il s'était conduit avec la plus grande valeur, on le croyait resté sur le champ de bataille ; heureusement, il n'en était rien. « Enfin, écrit Mme de Sévigné, M. de La Trousse est trouvé ; admirez son bonheur en toute cette affaire : après avoir fait des merveilles à la tête de ce bataillon, il est enveloppé de deux escadrons et si bien enveloppé qu'on ne sait ce que tout cela est devenu : tout à coup il se trouve qu'il est prisonnier ; de qui ? du marquis de Grana qu'il a vu six mois à Cologne, et qui s'était lié d'amitié avec lui. Vous pouvez penser comme il sera traité. Il a aussi une jolie petite blessure, et pourra fort bien faire ses vendanges à La Trousse ; car il viendra très assurément sur parole et pour mieux dire, il sera reçu très agréablement à la cour. Je n'ai jamais vu tant de soins et tant d'amitiés que tous ses amis lui en ont témoigné. » Puis, trois jours après, apprenant que le marquis n'est point blessé : « M. de La Trousse se porte très bien, écrit-elle, sans aucune blessure, cette affaire n'a été faite que pour sa gloire. »

Elle ne s'était pas trompée sur l'accueil qui l'attendait à la cour ; il y fut « accablé d'agréments et de louanges et il les recevait d'une manière à les augmenter. »

(1) M. Camille Rousset (Histoire de Louvois, tome II, page 177).

Nous pouvons le laisser jouir de son succès et retourner un moment vers celles à l'abnégation desquelles il en doit une part, sa mère et ses sœurs.

Sa mère était morte le 30 juin 1672, après une longue maladie endurée avec résignation ; elle emporta les regrets les plus profonds de sa nièce, Mme de Sévigné, et nous pouvons en conclure qu'elle était digne de toute estime (1).

Des deux sœurs du marquis, (nous ne parlons plus de celle qui s'était ensevelie au couvent de la Visitation de Meaux), l'aînée Marie-Henriette, connue sous le nom de Mlle de La Trousse, se dévoua à sa mère et lorsqu'elle l'eut perdue, se retira chez les religieuses Feuillantines du faubourg Saint-Antoine, à Paris ; elle y vécut saintement jusqu'à sa mort arrivée au mois de décembre 1685 (2).

Quant à Suzanne, connue sous le nom de Mlle de Méri, elle était d'un caractère tout différent ; maladive, aigrie par la souffrance, elle mena une existence inquiète, agitée, se plaignant sans

(1) « Enfin, ma fille, notre tante a fini sa malheureuse vie. La pauvre femme nous a fait bien pleurer dans cette triste occasion, et pour moi, qui suis tendre aux larmes, j'en ai beaucoup répandu. Elle mourut hier matin à 4 heures, sans que personne s'en aperçût ; on la trouva morte dans son lit ; la veille elle était extraordinairement mal et par inquiétude elle voulut se lever ; elle était si faible qu'elle ne pouvait se tenir sur sa chaise et coulait jusqu'à terre. Mlle de La Trousse se flattait et trouvait qu'elle avait besoin de nourriture.... A onze heures elle me fit signe de m'en aller, je lui baisai la main, elle me donna sa bénédiction et je partis.... A 4 heures on dit à Mlle de La Trousse que Madame dormait. Ma cousine dit qu'il ne fallait pas l'éveiller pour prendre son lait. A 5 heures elle dit qu'il fallait voir si elle dormait. On approche de son lit, on la trouve morte : on crie, on ouvre les rideaux ; sa fille se jette sur cette pauvre femme ; elle veut la réchauffer, la ressusciter, elle l'appelle, elle crie, elle se désespère. Enfin on l'arrache et on la met par force dans une autre chambre ; on me vient avertir. Je cours tout émue ; je trouve cette pauvre tante toute froide et couchée si à son aise que je ne crois pas que depuis six mois elle ait eu un moment si doux que celui de sa mort.... Je me mis à genoux et vous pouvez penser si je pleurai abondamment à la vue de ce triste spectacle. » (1er juillet 1672).

(2) Mme de Sévigné écrit au sujet de cette mort à son cousin de Bussy-Rabutin le 15 décembre : « La vie est courte, mon cher cousin ; c'est la consolation de misérables et la douleur des gens heureux, et tout viendra au même but. Excusez ces réflexions à une personne qui a vu mourir en un moment Mlle de La Trousse. Une religieuse entra le matin dans sa chambre et la trouva appuyée contre sa chaise comme si elle eût été endormie ; aussi l'est-elle pour jamais. Elle se portait fort bien le soir. Elle a été enterrée en habits de religieuse avec des cérémonies et une réputation de sainteté qui m'a servi de leçon et qui m'a fait faire des réflexions depuis trois jours. »

« Toutes ces saintes filles se prosternèrent trois fois avant que de jeter ma pauvre cousine dans la fosse. Et par des cris et des prières touchantes elles demandaient à Dieu en se jetant le visage contre terre trois fois de suite : « Seigneur, ayez pitié de cette misérable pécheresse. » Hélas, quelle pécheresse ! (4 janvier 1690).

cesse, occupant tout le monde de ses vapeurs et de ses caprices, engageant contre l'abbé de Livry des querelles qui faisaient perdre patience au « Bien bon » lui-même et que Mᵐᵉ de Sévigné se chargeait d'apaiser, se révoltant contre les moindres choses, s'irritant contre les embarras de son petit ménage « plus difficile à régler que l'hôtel de Lesdiguières » ; acceptant enfin l'hospitalité à l'hôtel Carnavalet, où elle occupa la chambre même de Mᵐᵉ de Grignan et où elle était entourée des soins les plus prévenants, puis lorsqu'elle dut quitter cet hôtel, mêlant à ses témoignages de reconnaissance des retours de mauvaise humeur et de plaintes (1). Elle survécut à son frère et à Mᵐᵉ de Sévigné, et après la mort de celle-ci se retira au monastère de la Madeleine, où elle mourut et fut enterrée, léguant à ce monastère par testament du 1ᵉʳ mars 1697, huit mille livres à la charge de divers services religieux en même temps qu'elle léguait dix mille livres à Mᵐᵉ de Grignan.

Ne regrettait-elle pas d'avoir renoncé pour elle-même à l'espoir d'un établissement, afin d'assurer celui de son frère? Elle vit du moins la brillante fortune de celui-ci et elle dut en jouir comme étant en partie son œuvre.

Ce frère, un des plus aimables hommes de la cour, ne pouvait manquer d'avoir aussi sa page dans les annales de la galanterie

(1) Mᵐᵉ de Sévigné nous trace un fort joli tableau des querelles de Mˡˡᵉ de Méri avec son oncle : vendredi 12 juillet 1675.

... Le bien Bon a quelquefois des disputes avec Mˡˡᵉ de Méri ; savez-vous ce qui les cause ? C'est assurément l'exactitude de l'abbé, beaucoup plus que l'intérêt ; mais quand l'arithmétique est offensée et que la règle de 2 et 2 font 4 est blessée en quelque chose, le bon abbé est hors de lui ; c'est son humeur, il le faut prendre sur ce pied là. D'un autre côté Mˡˡᵉ de Méri a un style tout différent ; quand par esprit ou par raison elle soutient un parti, elle ne finit plus, elle le pousse ; il se sent suffoqué par un torrent de paroles ; il se met en colère, et en sort par faire l'oncle et dire qu'on se taise ; on lui dit qu'il n'a point de politesse ; politesse est un nouvel outrage et tout est perdu ; on ne s'entend plus ; il n'est plus question de l'affaire ; ce sont les circonstances qui sont devenues le principal. En même temps je me mets en campagne ; je vais à l'un, je vais à l'autre ; je fais un peu comme le cuisinier de la Comédie (Maître Jacques, cuisinier d'Harpagon), mais je finis mieux, car on rit et au bout du compte, que le lendemain Mˡˡᵉ de Méri retourne au bon abbé et lui demande son avis, bonnement il le lui donnera, il la servira ; il est très bon et le bien Bon, je vous assure ; il a ses humeurs ; quelqu'un est il parfait ? Je vous réponds toujours d'une chose, c'est qu'il n'y aura qu'à rire de leurs disputes tant que j'en serai témoin. »

Ailleurs (7 juillet 1688) : « Mˡˡᵉ de Méri dit que je lui ai écrit fort sèchement ; c'est peut être en elle qu'est la sécheresse, comme la piqûre n'est pas dans l'épine. »

Toutefois, en 1662, le bon Chapelain en parlait avec avantage, trouvant en elle esprit, goût délicat, discrétion, civilité, intelligence (Lettre à Huet du 15 décembre). Son caractère méritait moins d'éloge.

qui y régnait. Il fut un des adorateurs de Mme de Coulanges, sa
cousine, avec l'abbé Têtu et le comte de Brancas pour rivaux,
mais les préférences étaient pour lui (1). Cette passion était connue
de toute la cour, et Louvois, au moment où il envoyait le marquis
de La Trousse commander au delà de la frontière, demanda ironi-
quement pardon à Mme de Coulanges de la priver de cette douce
société. « Au milieu de toute la France, Coulanges soutint fort
bien cette attaque; elle eut le bonheur de ne pas rougir et de répondre précisément ce qu'il fallait ». Mais la marquise de La
Trousse n'était pas d'humeur à fermer les yeux et à se résigner en
silence; elle avait l'insigne faiblesse d'aimer son mari et de le vouloir
fidèle; lorsqu'il partit pour l'armée, elle refusa ouvertement de
recevoir ses adieux. Bien des femmes en ce temps se montraient
moins sévères, ayant elles-mêmes besoin d'indulgence. Mme de
Coulanges se chargea de venger la marquise; elle devint dure,
méprisante, amère, et malgré cela elle parvenait à grand'peine à
décourager son adorateur (1).

Cependant, le marquis de La Trousse poursuivait sa carrière
militaire; il avait de l'ambition, et la faveur de Louvois; en 1676,
il servit dans l'armée du maréchal de Rochefort, fut créé lieutenant
général en 1677 (2), et contribua puissamment par son impétueux
courage à la prise de Valenciennes (17 mars); puis, commandant
sous le frère du roi, il investit Saint-Omer, où il prit le commandement en chef lorsque Monsieur s'éloigna, acheva la campagne sous
le maréchal de Luxembourg, investit en 1678, avec dix mille che-

---

(1) A ce sujet Mme de Sévigné rappelait un couplet composé par Coulanges lui
même au moment où Têtu l'emportait sur ses rivaux :

        Têtu est vainqueur de Brancas;
        La Trousse n'y résiste pas;
        De lui seul Coulanges est contente.

Son mari chante :

        Têtu est vainqueur de Brancas,
        La Trousse n'y résiste pas.

Et elle le modifiait de la façon suivante :

        La Trousse est vainqueur de Brancas;
        Têtu ne lui résiste pas;
        De lui seul Coulanges est contente;
          Que chacun chante.....

(1) Mme de Coulanges (Marie-Angélique Du Gué-Bagnoles) était femme de beaucoup d'esprit; elle fut fort en faveur auprès de Mme de Maintenon, et Mme de Sévigné témoigna pour elle une affection constante. Son mari, un des hommes les
plus spirituels et les plus recherchés de son siècle, a laissé deux volumes de chan-
sons qu'il composait, comme La Fontaine ses fables, sans y songer.

(2) Le grade équivalait à celui de général de division.

vaux, sous les yeux du roi, la ville d'Ypres et après sept jours de
tranchée réduisit cette place forte et sa nombreuse garnison à ca-
pituler (25 mars) ; il en eut le gouvernement qui, s'il faut en croire
Dangeau, rapportait quarante-cinq mille livres. Il y resta quelque
temps ; en 1682 et 1683, nous le trouvons au pied de Casal et en
Italie ; en 1685 et 1686, il commanda dans le Languedoc où il
mena fort grand train, et dans le Dauphiné ; en 1688, il s'empara
d'Avignon, puis revint à Paris pour recevoir le collier des ordres
de Saint-Michel et du Saint-Esprit en même temps que son voisin
le duc de Gesvres ; honneur bien mérité qui lui fut conféré le
1er janvier 1689 (1). Il avait, malgré ses cinquante-quatre ans ac-
complis, conservé un maintien, un air, une élégance, qui faisait
de lui, au dire de Mme de Sévigné, le plus joli des chevaliers de la
promotion ; quelques jours après, il donnait à sa cousine une
sorte de représentation de la cérémonie, en revêtant pour elle, ses
habits de novice et de profès (2). Cependant sa santé s'était al-
térée, et il dut vivre de lait durant l'hiver 1688-1689. Il partit
néanmoins le 14 mars 1689, pour commander en Poitou, La
Rochelle et le pays d'Aunis, sous les ordres du maréchal de
Lorges, beau-père de Saint-Simon ; mais là, il se trouva grave-
ment malade, et ce soldat qui avait cent fois affronté la mort dans
les assauts et les batailles, s'effraya et ne songea plus qu'à sa
santé ; il vendit en 1690, au chevalier de Soiecourt, guidon des
gendarmes du roi, moyennant 180,000 livres la charge de capitaine-
lieutenant des gendarmes du Dauphin sur laquelle le roi lui avait
accordé un brevet de retenue de 100,000 livres (3), et reçut en
paiement moyennant 85,000 livres la charge même de guidon des
gendarmes du roi qui appartenait au chevalier de Soiecourt (4).

(1) Voir dans la Notice historique et statistique sur Crouy-sur-Ourcq et le duché-
pairie de Gesvres, le récit de la cérémonie tiré des mémoires du marquis de Dangeau, qui y fut lui-même compris.
La collation des ordres du roi était précédée d'une enquête destinée à prouver
que le futur chevalier satisfaisait aux preuves requises par les statuts.
Le roi ne se montrait pas toujours sévère sur la véracité et la sincérité des titres
produits, surtout lorsqu'il s'agissait de récompenser de hauts mérites. Le maréchal
Fabert, on se le rappelle, fut plus rigoureux envers lui-même. Il refusa l'ordre du
Saint-Esprit pour ne pas produire de fausses preuves de noblesse, sur lesquelles il
savait cependant le roi disposé à fermer les yeux.
(2) « Pour le manteau c'est une représentation de la Majesté royale ; il en a
coûté 800 pistoles à M. de La Trousse (environ 30,000 fr. d'aujourd'hui). »
(3) C'était l'assurance donnée par le roi que s'il disposait de la charge, il impo-
serait au nouveau possesseur le payement de la somme portée au brevet.
(4) Actes Thibert et Desprez, notaires à Paris.
La charge de guidon fut après la mort du marquis de La Trousse accordée par

Le marquis demanda en vain un soulagement aux eaux de Bourbon (Bourbon-l'Archambaud) ; le mal empirant, il dut s'enfermer chez lui et mourut le 10 octobre 1691, en son hôtel à Paris, rue de Thorigny, Marais-du-Temple ; il fut enterré au couvent des pères Cordeliers.

Il avait, à la veille de sa mort, adjoint à ses possessions territoriales, la terre et seigneurie de Lizy-sur-Ourcq avec le fief de Saint-Jean-les-deux-Jumeaux, et la haute justice du village et seigneurie de Mary.

Le marquis de La Trousse avait justifié les espérances de sa famille en rehaussant l'éclat de sa maison, et celles de son roi en le servant avec dévouement et distinction. Au milieu de ses succès il dut éprouver une amère déception : il n'eut point d'héritier mâle pour perpétuer son nom (1).

Il ne laissait qu'une fille entrée dans une famille étrangère ; Marie-Henriette Le Hardy de La Trousse avait épousé le 15 février 1684, Amédée-Alphonse Dal Pozzo, marquis de Voghère, grand veneur et grand fauconnier du duc de Savoie, colonel du régiment de Saluces, fils du prince de la Cisterne, famille considérable du Piémont (2).

le roi à François de Rohan, prince de Soubise, qui dut payer à la succession du marquis 53,000 livres. Ajoutons pour donner une idée de la valeur vénale des charges de la cour à cette époque que le 11 janvier 1670, le marquis de Gordes, vendit au duc de La Vieuville la charge de chevalier d'honneur de la reine, moyennant 350,000 livres (près de 1,300,000 fr. de nos jours). Desnots et Parques, notaires à Paris.

(1) Un membre de la branche du Mai et de Boliard porta aussi les prénoms de Philippe-Auguste. Il était seigneur de Boliard et de Gaillon, fut capitaine et grand bailli de Meaux au commencement du xviiie siècle et devint maître d'hôtel du duc d'Orléans en 1713, puis gentilhomme de la chambre de ce prince en 1719. Il fut maintenu dans sa noblesse par arrêt du conseil du roi du 5 mai 1716. Il est mort à Meaux, le 22 mai 1760.

Nous l'indiquons spécialement pour qu'on ne le confonde pas avec le marquis Philippe-Auguste Le Hardy de La Trousse.

Voir sur cette branche le Père Anselme et La Chesnaye-Desbois.

(2) Le mariage fut célébré à Lyon en la chapelle des Filles pénitentes.

Par le contrat de ce mariage passé devant Pascalis, notaire à Turin, il était constitué à Henriette-Marie Le Hardy, 150,000 livres, dont la moitié payée comptant devait être employée « à payer d'autant les dettes de la maison du futur époux ». Le prince donnait à son fils le revenu de 50,000 écus et une pension annuelle de 10,000 livres de Piémont.

Le trousseau de Mlle de La Trousse était d'une certaine richesse ; on en jugera par les objets suivants :

Une toilette d'argent d'une valeur de	2.640 livres.
Dessus de la toilette de brocard d'or	225
Une toilette de point de France	669

Malgré la grosse dot de Marguerite Delafond, malgré son administration ferme et diligente, malgré le gros revenu du gouvernement d'Ypres, venant s'ajouter aux 12,000 livres que rapportait le marquisat, aux 8,000 livres que rapportait la terre de Lizy, la maison de La Trousse avait à peine éteint ses dettes, et il avait fallu se procurer par emprunt la partie payée comptant de la dot de M¹¹ᵉ de La Trousse (1).

Avec Philippe-Auguste Le Hardy prend fin la vie publique des La Trousse (2) ; cette maison sort de France, durant un temps ; car, bien qu'il eût obtenu du roi, le 19 décembre 1686, pour lui, sa femme et sa postérité, des lettres de naturalité, le marquis de Voghère, qui devint bientôt par la mort de son père (1696) prince de la Cisterne, ne résida guère en France (3).

Le château de La Trousse que le dernier marquis avait pris soin de « rajuster » avant son décès, fut occupé par la marquise douairière (4). En femme prévoyante elle avait fait déterminer, par sentence du Châtelet de Paris du 23 avril 1692, ses droits et

Un peignoir de point de France.	850 livres.
Un mouchoir de point de France	550
Une cornette de point de France et le bonnet.	605
18 chemises de nuit garnies de dentelles	685
6 corsets de nuit	410
4 peignoirs à dentelle.	310

4 habits de soie brodés, 2 manteau de soie, 2 habits d'étoffe or et argent, un manteau d'étoffe de soie et un habit de drap noir. . . 2.511

Ces chiffres doivent être multipliés par quatre et demi, si on veut les traduire en valeur d'aujourd'hui.

(1) L'emprunt fut fait du marquis de Louvois et de Feydeau de Brou. En 1713, la marquise de La Trousse devenue veuve empruntait encore 40.000 livres de Nicolas et Alexandre Regnault de Grandmaison, officiers des chasses de la capitainerie de Montceaux.

(2) Il restait encore sous les armes Paul-François Le Hardy, appelé aussi de La Trousse, lieutenant aux gardes françaises, chevalier de l'ordre militaire de Saint-Louis en 1693. Il était fils d'Adrien et neveu de Philippe-Auguste. Il avait épousé Catherine-Françoise de L'Hôpital de Choisy et se maria en secondes noces à Marthe Thenon de Saint-Servan, union des moins heureuses comme l'indiquent certaines pièces originales du registre 1.482 de la Bibliothèque nationale. Il ne paraît pas avoir laissé d'enfants.

(3) Ces lettres permettaient aux enfants des deux époux de succéder aux biens situés en France et les dispensaient, les uns et les autres, de résider dans le royaume. Le prince de la Cisterne les fit renouveler en 1758.

(4) « Le marquis de La Trousse fait à son château des ajustements et même des dérangements si considérables que ce château que nous trouvions déjà si beau ne sera pas reconnaissable, » 1ᵉʳ mai 1680.

L'architecte chargé des travaux était Bruant, qui construisit l'Hôtel des Invalides et Lemuet l'église des Petits-Pères.

L'abbé de Coulanges avait fait marché avec un marbrier de Paris, pour le pavage du vestibule, salles et escalier en pierres de Lieure et de Caen, noire, carreaux d'un

reprises et s'était fait abandonner la terre de Lizy tout entière, le mobilier de l'hôtel de Paris et du château de La Trousse, et la jouissance des biens fonds et rentes du marquisat (la jouissance du château lui appartenait déjà en vertu de son contrat de mariage) (1). Elle restreignit son train qui était considérable (2), vécut durant un temps dans la retraite et continua à administrer sagement, obtenant, en considération des services de son mari, exemptions et privilèges, se faisant décharger de toute contribution au ban et à l'arrière-ban en 1693 et 1694, et délivrer ou renouveler, en 1711, des lettres de *committimus*.

Elle vit mourir le prince de la Cisterne (14 octobre 1698, à Paris), et la princesse sa fille revenir en France. Celle-ci avait cinq enfants dont deux moururent en bas-âge, peu de temps après leur père ; il resta une fille et deux fils, au sujet desquels Mme de Coulanges écrivait à Mme de Grignan, le 4 avril 1702 : « La princesse » de la Cisterne a un fils qui est fort grand seigneur dans son pays » et un petit, beau comme le jour, qu'elle prétend établir en » France, sous le nom de marquis de La Trousse, avec ses deux » belles terres de La Trousse et de Lizy : elle ne trouve aucun » obstacle du côté de sa mère qui lui a, je crois, assuré tout son » bien ». Tel était, en effet, le dessein de la marquise et de la princesse ; tandis que par son testament du 13 octobre 1698 (3), le prince avait institué son fils aîné Alphonse Dal Pozzo, son héritier universel et confirmé les substitutions faites par ses ancêtres (4), léguant seulement à ses deux fils cadets une pension annuelle de 3,750 livres pour chacun et à ses deux filles, 10,000 ducatons (environ 40,000 livres) pour leur dot, la marquise « pour maintenir l'éclat de la maison de La Trousse, donner à sa fille des marques

pied de long et de large, à raison de 24 livres la toise carrée. En outre le marquis avait fait marché avec le directeur de la tapisserie de Beauvais pour plusieurs pièces de cette manufacture.

(1) La valeur du mobilier de La Trousse était de près de 50,000 livres, non compris la vaisselle d'argent d'une valeur de 17.898 livres 5 sous, ni les diamants et pierreries estimés 5,200 livres.

(2) Au décès de M. de La Trousse, le domestique se composait de 5 laquais, 1 maître d'hôtel, 1 postillon, 2 cochers, 1 tapissier valet de chambre, 3 femmes de chambre, gens de cuisine, indépendamment du concierge et des jardiniers.

(3) De Clersin et Vérani, notaires à Paris ; par ce testament le prince demanda à être inhumé, s'il décédait à Paris, au lieu de la sépulture de la maison de La Trousse, dans le couvent des Pères Cordeliers, fonda 3,000 messes basses de *requiem*, légua 5,000 livres à son confesseur, etc.

(4) La loi de Piémont autorisait les substitutions de mâle en mâle à l'infini. Il en existait dans la maison Dal Pozzo depuis 1563.

de sa tendresse et contribuer en faveur de son second petit-fils à un établissement avantageux qui lui permit de soutenir son rang et sa naissance » faisait donation à Jacques-Auguste-Laurent-Marie-Ferdinand Dal Pozzo, second fils de sa fille, de tous ses biens présents et à venir, avec réserve d'usufruit au profit de la donatrice et de la mère du donataire et elle imposait, comme condition de cette donation, l'obligation de porter le nom et les armes de la maison de La Trousse conjointement avec le nom et les armes des Dal Pozzo (1).

La marquise de La Trousse mourut au mois de janvier 1724, et fut inhumée en la chapelle Saint-Sébastien de l'église de Lizy (2).

Sa fille, la princesse de la Cisterne, non moins désireuse qu'elle de voir son second fils établi en France dans une situation digne des La Trousse, obtint de son fils aîné d'abandonner à son frère sans réserve, le marquisat de La Trousse et ses dépendances (3), et par le contrat du mariage du marquis de La Trousse avec Marie-Anne-Augustine de la Vieuville, du 20 mai 1746, elle lui donna toutes les terres qui lui appartenaient tant en fief qu'en roture, mettant ainsi le couronnement à son œuvre (4).

Elle survécut à cette œuvre elle-même ou du moins à celui qui en était l'objet ; moins de quatre ans après son mariage, son fils

(1) Dupuis et Laurent, notaires à Paris, acte du 27 mars 1702.
Elle interdisait en outre au donataire de rien réclamer de son frère aîné sur les successions de leur père et mère.

(2) Par son testament du 11 mai 1718, (Duport et de Savigny, notaires à Paris), elle avait légué au monastère de Notre Dame de la Miséricorde, à Paris, 10.000 livres à la charge de services religieux, 200 livres aux pauvres de Lizy, 100 l. à ceux de Mary, pareille somme à ceux de Cocherel, 60 livres à ceux de Crépoil, 40 à ceux de Rademont, 30 livres par an, durant sa vie, à Marie Delafond de Saint-Ambroise, sa sœur, religieuse professe en l'abbaye de Notre Dame de Meaux, etc.

(3) Transaction du 10 avril 1731 déposée à Aleaume, notaire à Paris, le 18 novembre 1754. Pour cette transaction la princesse avait eu recours au très-habile et très-efficace intermédiaire du père Paul, provincial des Carmes, prieur du couvent de Paris.

(4) Marie-Anne-Augustine de la Vieuville était fille du marquis René-Jean-Baptiste de la Vieuville et d'Anne-Charlotte de Creil. Ses deux sœurs épousèrent : l'une, Anne-Geneviève de la Vieuville, le comte Charles-Marie de la Vieuville ; et l'autre, Gabrielle-Anne de la Vieuville, Jean-Baptiste-Paulin d'Aguesseau, fils du chancelier de France, dont elle fut la troisième femme. Elles moururent sans postérité : la comtesse de la Vieuville, à Paris, le 18 germinal an V et Mme d'Aguesseau, devenue épouse de Joseph Baylo, à Lizy, le 16 décembre 1816.
La marquise de La Trousse épousa, en deuxièmes noces, en 1751, François-Bruno de Barandier, comte de la Chaussée d'Eu, et mourut le 17 mars 1788. Elle eut de son deuxième mariage, une fille, Anne-Joséphine de Barandier de la Chaussée d'Eu, qui épousa Gabriel Louis, marquis de Caulaincourt et fut mère du premier duc de Vicence.

de prédilection, le marquis de La Trousse mourut (9 mars 1750), laissant une fille, âgée à peine d'un an, Marie-Henriette-Augustine-Renée Dal Pozzo de La Trousse (1).

Par un codicille du 16 du même mois, elle se hâta de confirmer au profit de sa petite-fille toutes les donations qu'elle avait faites à son fils, et mourut au mois de mai 1753, à l'âge de 92 ans, confiante dans les arrangements conclus sous son autorité, entre ses enfants, espérant aussi que de la tige, bien frêle toutefois, sur laquelle reposait la maison de La Trousse, sortiraient de nouveaux rameaux (2). Elle ne prévoyait pas qu'à peine aurait-elle fermé les yeux, son fils aîné, répudiant tous ses engagements, intenterait à la fille de son frère, pour obtenir une part dans les biens du marquisat de La Trousse, un long procès dans lequel du reste il succomba ; elle ne prévoyait pas non plus qu'une révolution, telle qu'aucun peuple n'en a encore vu, renverserait jusqu'en ses fondements l'ancienne société, abolirait le régime féodal et la noblesse elle-même, que sa terre de La Trousse constituée depuis deux siècles, passerait en des mains étrangères ; que le château de son aïeul Sébastien Le Hardy tomberait bientôt après sous le marteau des démolisseurs ; que cette enfant qu'elle avait vue naître, dernier espoir de sa race, ne laisserait pas de postérité et qu'en elle s'éteindrait la maison à laquelle, malgré son titre de princesse, elle était restée fière d'appartenir.

La fille de Ferdinand Dal Pozzo épousa, le 15 avril 1766, Louis-Auguste-Juvénal d'Harville des Ursins, comte d'Harville, fils de Claude-Constant-Juvénal d'Harville des Ursins, marquis de Trainel, seigneur de Doue, et de Marie-Antoinette de Matignon (3).

La comtesse d'Harville réunit à ses domaines la seigneurie de

(1) Il fut inhumé dans l'église des Cordeliers à Paris. Sa tombe ne fut pas épargnée durant la Révolution ; un malheureux hasard ou un triste pressentiment rendit témoin de cette violation la comtesse d'Harville sa fille qui le racontait avec une vive émotion.

(2) Elle s'était retirée dans un appartement particulier du monastère de la Conception de Notre Dame à Paris, puis au couvent des Ursulines de la rue Saint-Jacques, en la même ville. Elle demanda à être enterrée dans le cloître de ce couvent, sans pompe ni tenture.
Renonciation fut faite à sa succession, au nom de sa petite fille, sous la réserve des avantages résultant du contrat de mariage de son père. (Aleaume, notaire à Paris, 3 juillet 1753).

(3) Le mariage fut célébré en la chapelle du château de La Trousse, par Jean-Louis Goyon de Vaudurand, ancien évêque de Léon ; au contrat de mariage (Baron, notaire à Paris, 11 mars 1766) assistèrent le marquis de Matignon, lieutenant-général ; le duc de Fitz James, pair de France et la duchesse née de Matignon ;

Tancrou, qu'elle acheta des moines bénédictins de Saint-Fiacre moyennant 600 livres de rente à employer en un fonds de terre à la convenance des vendeurs.

Elle devint dame d'honneur de Mme la comtesse d'Artois, tandis que son mari devenait brigadier de cavalerie (1er janvier 1784).

Une administration prudente eût seule pu permettre de supporter les dépenses que nécessitaient ces charges ; elle fit défaut, et la fortune des époux s'obéra. Mme d'Harville dont le mariage, remontant à plus de vingt ans, était demeuré stérile, dut songer à aliéner le marquisat, dont elle avait, dès 1781, détaché la seigneurie de Vieux-Moulin : la nuit du 4 août 1789 survint avant la réalisation de ce projet ; le 17 mai 1791, la comtesse d'Harville transmit à M. Charles-Guillaume Baudon de Mony, écuyer, administrateur général des domaines du roi, la propriété du château, des terres et des autres héritages qui avaient formé naguère le marquisat de La Trousse (1).

Quant à la dernière marquise de La Trousse, elle se retira dans sa terre de Lizy où nous la retrouverons et lui consacrerons un chapitre particulier.

Ajoutons cet épilogue : Le château arriva, en 1820, aux mains de spéculateurs qui en vendirent les matériaux : bientôt la charrue passa sur la place qu'il avait occupée ; il avait eu à peine 200 ans d'existence.

Depuis, une nouvelle et non moins brillante habitation l'a remplacé ; M. le comte de Mony Colchen, conseiller maître à la cour des Comptes, petit-fils de l'acquéreur de 1791, et Mme la comtesse de Mony-Colchen née Petit de Beauverger, ont élevé sur l'emplacement de l'ancienne demeure seigneuriale un château, qui porte toujours le nom de château de La Trousse (2).

la marquise de la Vieuville ; le comte et la comtesse de la Vieuville, sa femme ; Barnabé de Beaudeau, comte de Parabère et la comtesse de Parabère. Ce contrat fut en outre signé par le roi et la famille royale.

La jeune femme avait 17 ans 2 mois ; le jeune époux moins de 17 ans.

(1) Gondouin, notaire à Paris. Le prix fut de 900.000 livres.

(2) Les fossés et les communs servant d'avant-corps datent du premier château sauf partie (l'orangerie), qui a été brûlée en 1814 par les alliés, pour servir de signal lors des combats livrés dans nos environs.

Subsiste encore l'ancienne prison de forme circulaire, avec cabanons et oubliettes, rappelant que le sieur de La Trousse avait droit de haute, moyenne et basse justice.

On garde le souvenir que dans un des pavillons encore existants, logeaient à une certaine époque, « deux vieilles demoiselles » (Mlle de La Trousse et Mlle de Méri).

ARMES DES LE HARDY DE LA TROUSSE

D'azur, à un chevron de sable bordé d'or, potencé et contre-potencé de même, et au chef d'or chargé d'un lion de gueules passant.

ARMES DES DAL POZZO

Ecartelé au 1 et 4 d'or, au puits maçonné de gueules, gardé par deux dragons de sinople ; aux 2 et 3 d'or, à l'aigle éployé et couronné de sable.

DOMAINE, REVENUS ET CHARGES DU MARQUISAT DE LA TROUSSE

On a vu comment s'est constitué le Marquisat de la Trousse. Nous en résumons ici l'étendue, les revenus et les charges à la fin de l'ancien régime, en indiquant distinctement les revenus ayant un caractère seigneurial que la Révolution devait abolir de fait ou de droit. Nous n'y comprenons pas la terre de Lizy qui ne faisait pas partie du marquisat.

DÉSIGNATION (A)	CONTENANCES en arpents et perches		REVENUS FONCIERS en livres, sous et deniers			REVENUS SEIGNEURIAUX en livres, sous et deniers			OBSERVATIONS
LA TROUSSE									(A) Seigneurs suzerains : Ces domaines relevaient :
Le château, parc et dépendances.	120	»»	»			»			La Trousse, du roi, à cause de son château de Meaux, pour partie, et pour le surplus de Cocherel (1).
Ferme seigneuriale de La Trousse, terres détachées, bois, remises, four à chaux	380	»»	13.459 l.	4 s.	2 d.	»			Crépoil, du seigneur de La Ferté au col et Chamigny, à cause de la baronnie de Chamigny.
Cens et surcens en argent et grains	»		»			480 l.	8 s	10 d.	Cocherel, du même.
Lods et ventes sur 526 arpents estimés 500 livres l'arpent (B) .	»		»			730	12	9	Rademont, de l'Abbaye de Jouarre.
TERRE ET SEIGNEURIE DE CRÉPOIL									La Forest, du roi. Le Fief Vert, du seigneur d'Oissery. —
Ferme, remises, terres détachées.	264	18	6.234	10	11	»			Tancrou, de divers.
Cens en argent et en grains . . .	»		»			331	15	1	
Lods et ventes sur 176 a. 77 p. au prix commun de 500 livres . .	»		»			196	6	6	
TERRE ET SEIGNEURIE DE COCHEREL									
Ferme, terres, prés, bois, étang.	472	80	11.477	11	10	»			(B) Les lods et ventes perçus sur le pied du 12e du prix s'évaluaient ainsi : 526 arpents à 500 l. égalent 263.000 l.; la mutation supposée s'opérer à raison d'un 30e par an, portait sur 87.666 livres 13 sous donnant lieu à la perception susindiquée. Elle est évaluée au maximum.
Surcens en avoine sur 156 arpents de pâtis et 6 deniers de cens. .	»		»			403	13	11	
Cens en argent et en grains . . .	»		»			203	10	9	
Lods et ventes sur 824 arpents à 400 livres l'arpent	»		»			1.831	5	»»	
TERRE ET SEIGNEURIE DE RADEMONT									
Cens et surcens.	»		»			87	13	18	
Pêche et bac	»		»			108	»»	»»	
Lods et ventes sur 456 a. 26 p., estimés 330 l. l'arpent.	»		»			443	11	9	
FIEF DE LA FOREST									
Ferme et bois	129	48	902	18	8	»			
SEIGNEURIE DU FIEF VERT A VENDREST									
Cens et surcens.	»	»»	»			164	3	3	
Lods et ventes sur 183 a. estimés 400 l. l'arpent	»		»			203	8	3	
FIEF DE VIEUX-MOULIN									
Deux petits bois	1		21	10	8	»			
Cens et surcens.	»		»			6	14	»»	
Lods et ventes sur 332 arpents à 300 livres l'arpent	»		»			276	19	3	
SEIGNEURIE DE TANCROU									
Cens, lods et ventes	»		»			325	3	6	
SEIGNEURIE A SAINT-JEAN-LES-DEUX-JUMEAUX									
Cens et rentes	»		»			19	7	8	
Lods et ventes	»		»			30	»»	»»	
Chasse sur les paroisses soumises à la seigneurie, environ 3.000 arpents, évaluée	»		»			750	»»	»»	(c) Ces profits, comme les amendes, sont compensés avec les frais de justice et ceux des aveux et dénombrements.
Profits des colombiers, des pressoirs banaux	»		»			mémoire (c)			
Amendes au profit du seigneur .	»		»			mémoire (c)			
	1.631 a. 85 p.		34.605 l. 15 s. 3 d.			6.780 l. 3 s. 1 d.			

(1) Philippe-Auguste Le Hardy fournit au roi, le 21 mai 1690, aveu et dénombrement comprenant seulement un grand château et maison seigneuriale, cour, clos, etc., d'une contenance de 40 arpents, avec tous droits de haute, moyenne et basse justice, droits de greffe, amendes et droits de voirie; 39 livres 10 sous tournois de cens et rentes et 31 arpents 90 perches de terre en une pièce à la sente de Fongil.

Sébastien Le Hardy avait fait pareil aveu en 1598.

CHARGES DES REVENUS SEIGNEURIAUX

DÉSIGNATION	MONTANT	OBSERVATIONS
Bailli et procureur fiscal	300 livres.	(c) Voir à la page précédente.
Entretien de l'audience, de la prison, des prisonniers, frais de justice non recouvrés	mémoire (c)	
Portion du 20° afférente aux droits seigneuriaux .	300 livres.	(d) Le droit de relief qui consistait, lors des transmissions par succession collatérale, en une année de revenus, n'a pu être perçu sur La Trousse toujours transmis en ligne directe.
Frais des aveux et dénombrements	mémoire (c)	
Droit de relief	mémoire (D)	
TOTAL	600 livres.	

Nous en conclurons que dans le marquisat de La Trousse, les droits seigneuriaux nets représentaient un peu plus du septième du revenu total.

CHAPITRE II

COCHEREL ET CRÉPOIL [1]

Ce chapitre a été rédigé avec la colla-
boration de M. Meunier, instituteur à
Puisieux, précédemment à Cocherel.

§ I⁰⁰. — NOTIONS GÉNÉRALES

Cocherel et Crépoil (Cocherellium, Crispolium) ont formé avant
1790 deux paroisses distinctes et jusqu'en 1842 deux communes
également distinctes. Une ordonnance royale du 11 décembre de
cette dernière année les a réunies en une seule dont le chef-lieu a
été fixé à Cocherel (2).

Cocherel est à une altitude qui atteint 209 mètres près du bois
de Montjay. C'est, après Saint-Georges, de la commune de Ver-
delot, le point le plus élevé du département de Seine-et-Marne ;
il n'y existe pas de cours d'eaux superficiel permanent, mais seulement des rûs (de la Vanche, de Méranne, des Plants), qui roulent
les eaux de pluie et les conduisent à la rivière d'Ourcq.

Le sol du territoire, léger au sud et au sud-ouest, est limoneux
vers l'est, argileux au nord et à l'ouest. Le sol du village lui-
même est naturellement humide ; l'hygiène demande que le rez-
de-chaussée des habitations soit surélevé et que le plâtre y soit
employé avec réserve.

(1) Je remercie M. et Mᵐᵉ Enchéry, de Vanault-le-Châtel, qui ont bien voulu
me communiquer une notice manuscrite sur Cocherel, Crépoil et La Trousse, ré-
digée par M. Aubert, curé de Cocherel, leur oncle, décédé en 1877.
(2) Dans les anciens titres Cocherel est souvent appelé Coucherel, dénomination
encore usitée parfois et Couchereul ; que ce nom vienne comme on l'a prétendu de
Cocheria, gorges conduisant aux prés et aux bois, que Crépoil vienne du mot Cres-
pellæ qui signifie crêpe, parce que, en ce lieu de bon pâturage et de bon beurre, il
se fabriquait beaucoup de beignets de ce nom, ces étymologies sont assez agréables
et assez amusantes pour qu'il n'y soit pas contredit. Je n'en ai d'ailleurs pas d'autre
à mettre à leur place.

L'argile et le gypse, que renferme le sous-sol, ont donné nais-sance à deux industries dont il sera question plus loin ; à Crépoil le sous-sol fournit du grès extrait pour Paris.

Cocherel a peu d'eau potable ; l'eau des puits est chargée de calcaire ; les sources de la Vanche et de la Fontenelle en fournis-sent de meilleure, mais la seconde de ces sources est trop éloignée et la première restera trop faible et insuffisante, tant que des tra-vaux de captation n'y seront pas exécutés.

La carte hydrologique de M. Delesse signale trois nappes sou-terraines.

Cocherel domine à l'est et à l'ouest un horizon très-étendu ; il a servi de station aux peuplades de l'âge de la pierre. On y ramasse abondamment des haches, des couteaux, des grattoirs, des pointes de lances, des nucléus et autres objets de cette époque (1). Les Romains ont occupé ce point à leur tour, et y ont laissé des mon-naies. Citons parmi celles qu'a recueillies l'abbé Aubert, curé de Cocherel, un denier potin d'Auguste : à l'envers autour de la tête nue d'Auguste, on lit : « *Cæsar, Divi filius, III vir, tribunitiâ potestate functus, imperator* » ; et au revers un temple avec les mots : *Divo Julio ;* entre les quatre colonnes de ce temple un autel sur lequel brûle le feu sacré, et pour légende : *Consul iterum et censor* ». Cette dernière mention fixe la date de la pièce à l'an 33 avant J.-C. (2).

Il dépend de Cocherel de toute ancienneté les hameaux de La Folie et de La Loge à l'est ; une tuilerie récemment établie près la route départementale forme un troisième écart ; Le Vivier, autre écart, a disparu ; Giencourt, autrefois fief particulier, n'est qu'un quartier du village (3).

Cocherel comptait 68 feux en 1698, 77 en 1771, soit environ 350 habitants, Crépoil comptait à cette dernière date 51 feux soit environ 230 habitants, au total 580 habitants. Il n'en existait plus que 549 en 1846, et aujourd'hui ce nombre est réduit à 404 dont 241 seulement au chef-lieu. Cette dépopulation est presque sans exception dans les villages de notre contrée. D'autre part toutefois,

(1) M. Meunier en a enrichi le musée scolaire. M. l'abbé Bonno, curé d'Etrépilly, vient de publier dans la *Revue de la Brie et du Gâtinais* une étude sur le plateau de Cocherel, au point de vue de l'anthropologie préhistorique.

(2) Les intéressantes monnaies recueillies par M. l'abbé Aubert font aujourd'hui partie de la collection de Mᵐᵉ Enchéry.

(3) Il a existé anciennement sur Cocherel un lieu d'habitation appelé Le Basque.

on aurait peine à trouver aujourd'hui, comme le constatait le seigneur de Cocherel et de Crépoil en 1771, 30 ménages indigents;
sous ce rapport du moins il a été fait d'heureux progrès.

La route départementale de Dammartin à Château-Thierry traverse le terroir de Cocherel et passe à proximité du village; un
chemin de grande communication aboutissant à La Ferté-sous-
Jouarre a son point de départ dans Cocherel même; des chemins
vicinaux le relient à La Loge, à Crépoil, à Tancrou. Le chemin
de grande communication de Lizy à Dhuisy prend naissance sur
Cocherel, et on peut reconnaître qu'au regard de la vicinalité Cocherel est bien desservi. Crépoil profite d'une partie de ces chemins et est lui-même relié à La Trousse et de là à la route départementale.

Cocherel ne figure à aucun titre dans l'histoire générale; ce
n'est pas dans ce lieu, quoi qu'en dise Michelin, mais à Cocherel
du département de l'Eure, que Duguesclin battit le roi de Na-
varre, en 1364.

Des épidémies y ont sévi à diverses époques; une d'elles a enlevé 41 personnes en 1699 et il a fallu établir un nouveau cimetière. La petite vérole, en 1735, a fait 13 victimes. En 1849,
71 personnes ont été atteintes de la suette; le choléra a enlevé,
en 1866, 22 habitants; d'autre part, en 1767, un incendie a dévoré
7 maisons voisines du presbytère, avec la grange des dîmes, a
causé la mort d'un habitant et occasionné une perte de plus de
20,000 livres. Un sinistre de même nature détruisit en 1790 la plupart des maisons de la rue de Normandie et fit quatre victimes. Le
comte et la comtesse d'Harville, à ces deux époques, sont venus
généreusement en aide aux familles atteintes par le fléau.

La suppression de mares d'eau stagnante à proximité du village,
opérée récemment sur l'initiative de l'administration municipale et
de M. Guillot, docteur médecin à Lizy, a contribué à l'assai-
nissement du quartier limitrophe.

M. François Grandin, de Paris, né à Cocherel, d'une famille
fort ancienne de ce lieu, a fait élever vers 1866, sur l'emplacement d'une maison où il avait voulu que son père et sa mère pas-
sassent leurs vieux jours, une habitation élégante, confortable,
qui a reçu le nom de château de la Maison neuve et à laquelle a
été joint un vaste parc.

Cocherel et Crépoil sous l'ancien régime étaient de la généralité
de Paris, de l'élection et du grenier à sel de Meaux, de la maîtrise

des eaux et forêts de Crécy-en-Brie. Les appels de la justice seigneuriale se portaient au bailliage de La Ferté-sous-Jouarre et de
là au Châtelet de Paris.

§ II. — LA SEIGNEURIE. — LES FIEFS SUR COCHEREL

A. — La Seigneurie

Jusqu'en 1789, il en était des terres comme des personnes : les
unes étaient nobles, les autres roturières. Les biens nobles constituaient les fiefs et jouissaient de privilèges particuliers. Dans
l'origine ces privilèges étaient exorbitants : le possesseur d'un fief
pouvait se dire en même temps possesseur des personnes que le
sort y avait fait naître ou y avait amenées. Celles-ci étaient
« taillables et corvéables à merci ou de haut en bas » ; le seigneur
pouvait exiger d'elles les impôts et les travaux les plus arbitraires ;
elles ne pouvaient quitter la seigneurie, se marier au dehors, hé-
riter même, que sous le bon plaisir du seigneur ou sous certaines
redevances. C'étaient les serfs et serves, ou hommes et femmes de
corps, appelés aussi mainmortables. L'autorité royale, l'influence
de l'église, le sentiment d'humanité progressivement développé
chez le seigneur, l'intérêt même de ce seigneur, qui devait la
richesse de sa seigneurie au nombre de ses sujets, le besoin d'indépendance de la part de ceux-ci qui, à force de travail et de pri-
vations, se mirent en état d'acheter leur affranchissement, condui-
sirent peu à peu les mainmortables à la liberté, dans notre contrée
du moins ; s'il en existait encore en 1789 dans certaines provinces
du royaume récemment annexées ou d'une civilisation arriérée, ce
régime n'a guère, dans l'Ile-de-France et les provinces voisines,
dépassé la première moitié du xv⁰ siècle (1). Les fiefs ont toutefois conservé jusqu'à leur suppression le privilège d'être exempts
de la taille royale, c'est-à-dire de l'impôt, s'ils étaient tenus et ex-
ploités par le propriétaire. Ils avaient, à de très rares exceptions
près, droit de justice, c'est-à-dire que le possesseur y avait son
tribunal dont la compétence, si elle comprenait la haute justice, était

(1) Les documents anciens fournissent de nombreux exemples du servage et d's
conséquences de ce servage ; les cessions à prix d'argent, les échanges d'hommes
ou de femmes de corps sont fréquents ; il suffit, en ce qui regarde Cocherel, de
citer un semblable échange conclu en 1265 entre Pierre et Robert de Cocherel et
le couvent de Reuil, près La Ferté-sous-Jouarre (Cartulaire de l'église de Meaux).

presque sans limite. Ce même possesseur percevait sur les terres de roture situées en sa seigneurie des impôts appelés cens, lods et ventes, etc., dont il sera question plus loin.

Il existait sur la paroisse de Cocherel plusieurs fiefs. Le principal, celui qui donnait le titre de seigneur de ce lieu, était le fief de la Grande Maison sur lequel se trouvait l'église. De lui relevaient : 1° Le fief du Vivier ; 2° Le fief des Riches ; 3° Le fief de Fleurigny, tous les trois de la paroisse de Cocherel ; 4° La seigneurie de Crépoil composée elle-même de deux fiefs : (de la grande maison de Crépoil et des Murcsteaux) ; 5° La seigneurie de La Trousse (la Grande-Maison et le fief de Marolles), à l'exception du château, parc et accins ; 6° Un autre fief à Vieux-Moulin, qui comprenait moitié de la cour du côté des moulins avec les moulins, l'île et partie des terres à cens, duquel dernier fief relevaient, à titre d'arrière fiefs, la Grande Maison de Mary et le fief de Condé au même lieu.

Sous l'ancien régime, le roi seul était indépendant : tout possesseur de fief relevait de lui ou d'un autre seigneur qui, lui-même, relevait du roi médiatement ou immédiatement. C'était comme les anneaux d'une chaîne indissoluble où presque tous étaient à la fois suzerains et vassaux. Plus un fief comptait de fiefs relevant de lui, plus il avait d'importance ; car, outre l'hommage que ses vassaux lui devaient à chaque mutation, le seigneur dominant percevait, à l'ouverture de toute succession collatérale ou lors de la vente du fief servant, des redevances équivalant soit à une année de revenu (relief), soit au cinquième du prix (quint).

Le seigneur de la Grande Maison de Cocherel relevait du baron de Chamigny et de La Ferté-au-Col (La Ferté-sous-Jouarre) et était tenu envers lui des devoirs et redevances qu'il avait droit lui-même d'exiger de ses vassaux.

La seigneurie de Cocherel appartenait, en 1250, à Robert, garde de la terre de Champagne, qui fit avec Isabeau, abbesse de Jouarre, un accord au sujet de la répartition de tailles (1) et qui en 1256 fut chargé comme arbitre de terminer un différend entre l'abbé de Saint-Faron de Meaux et le Chapitre de l'église de la même ville, concernant leurs biens sur la paroisse de Barcy. En 1270, le même Robert et Pierre de Cocherel, son co-seigneur, transigèrent avec

(1) Trésor des Chartes.

le prieur de Reuil au sujet de terrages et de redevances (1). En 1309, le seigneur de Cocherel paraît avoir été Adam, qui avec sa femme Péronnelle vendit une pièce de terre au Chapitre de Meaux.

Ce qui est hors de doute, c'est qu'en 1487, le seigneur de Cocherel était Philippe Derquery ou plutôt Darcry, qui prenait le titre d'écuyer. Il fit, en cette année, au terrier de Vendrest, la déclaration des terres de sa seigneurie situées sur cette dernière paroisse.

En 1509, Robert Darcry, un descendant de Philippe, figura au procès-verbal de la rédaction des coutumes du bailliage de Meaux en sa qualité de seigneur de Cocherel ; en 1551, Jacques Darcry, en 1568, Antoine Darcry portaient ce titre ; en 1600, Sébastien Darcry, écuyer, en son nom et au nom de ses sœurs, fit foi et hommage et fournit aveu et dénombrement de leur terre et seigneurie de Cocherel à leur suzeraine, Diane de Vivonne, baronne de Chamigny. Semblable devoir fut encore rendu en 1617 (15 janvier).

Ce fut Sébastien Darcry qui, par amitié pour son voisin et vassal, le seigneur de La Trousse, fit, comme il a été dit ci-dessus, don à celui-ci de la fontaine du Vivier, située près de Cocherel.

Le seigneur de La Trousse avait déjà à ce moment des possessions sur la paroisse de Cocherel : en 1612 il avait acquis de Claude de Renty, seigneur de Marcy, la terre et seigneurie du Vivier avec la moitié de la moyenne et basse justice du lieu, cens, rentes, lods et ventes, coutumes et autres droits seigneuriaux.

Il avait acquis auparavant (25 mars 1609) du seigneur de la Grande-Maison de Mary-sur-Marne (2), le fief des Riches, appelé anciennement la masure de Fleurigny, ou les Ouches, que Philippe Darcry avait détaché de sa seigneurie et transmis à Jean Leriche qui lui avait donné son nom (3).

En 1613 le 4 juin, le même seigneur de La Trousse rendit foi et hommage pour ces deux nouvelles possessions à Sébastien Darcry dont elles relevaient.

(1) Le livre des vassaux du comte de Champagne et de Brie (1172-1222) cite parmi les vassaux de la chatellenie de Meaux : « Pierre de Corchereul. Le fiez est à « Corcherel et en ci deniers et une meson fort, la maison de Corcherel. » Il cite aussi Omculphus de Crampoil (Crépoil). Pierre de Corcherel est également nommé comme témoin dans une charte d'Hugues, vicomte de Meaux, en 1189.

(2) Voir la notice sur cette paroisse.

(3) Acte devant Lehardy, notaire à Lizy, du 20 mars 1495. Ce fief avait précédemment appartenu à Jean Billouard, comme le constate un bail à cens du 8 juin 1416.

De ces deux seigneurs, le vassal était plus puissant que le suzerain : Sébastien Le Hardy, sieur de La Trousse, était, comme on l'a vu, conseiller du roi en ses conseils d'Etat et privé, capitaine des gardes de la porte de Sa Majesté, prévôt ordinaire de son hôtel et grand prévôt de France. D'autre part, de Sébastien Darcry nous ne connaissons que le nom. Quoi qu'il en soit, noble homme, Sébastien Le Hardy de La Trousse n'en dut pas moins « mettre devant lui genou en terre, sans épée ni éperon, en attitude de vassal, et en cet état lui porter les foi, hommage et devoirs accoutumés. »

La Trousse ne devait pas tarder à s'annexer Cocherel ; le 3 février 1622, en effet, le grand prévôt de France acquérait de Sébastien Darcry sa seigneurie elle-même et en faisait foi et hommage le 24 juillet 1623 au seigneur de Chamigny qui était alors Jacques Nompar de Caumont, duc de la Force.

Cocherel est resté dans la maison de La Trousse, et a suivi le sort du marquisat.

B. — Les Fiefs

Outre le fief principal et les fiefs du Vivier et des Riches, il en existait plusieurs autres sur la paroisse de Cocherel. Le fief dit de Giencourt ou Geincourt avait son siège dans le petit quartier du village qui porte encore ce nom. En 1510 Jean Piédefer eut l'honneur de comparaître comme seigneur de Giencourt au procès-verbal de réformation des coutumes de la prévôté et vicomté de Paris.

Il était dû, en vertu de baux à rente, au seigneur de ce fief par chaque arpent 1 denier de cens, 2 sous 11 deniers de surcens et la poule de coutume. (Une poule par an et par feu).

Ce fief de peu d'importance s'est confondu dans les possessions de la maison de La Trousse.

Le fief de la Fesse qui confinait au terroir de la paroisse de Dhuisy et comprenait des usages et pâtis dont il sera amplement question plus loin, avait dépendu de la terre de Cocherel. En 1551 et 1558 Jacques-Antoine Darcry en vendit une partie à Louis du Broullat, seigneur de Lizy et à Magdelaine du Broullat, sa fille, épouse de François d'Angennes, seigneur de Montlouet et de Lizy.

Dès le 4 août 1551, en effet, Louis du Broullat avait fait, pour sa part de ce fief, foi et hommage à l'abbesse et aux religieuses du couvent de Jouarre dont il relevait.

Le surplus du fief passa au seigneur de La Trousse qui, en 1613, en faisait foi et hommage au même couvent de Jouarre.

Cocherel comprenait encore le fief de L'Etancourt qui, s'étendant depuis le hameau de la Folie jusqu'au-delà de celui de la Loge, était enclavé dans les fiefs de Cocherel, de Montjay, des Ecoliers et de Montsoulin.

Il ne fut jamais réuni au domaine de La Trousse.

Cette terre, dont l'étendue était d'environ 267 arpents, ne fut érigée en fief qu'en 1682, en faveur de Messire François de Laval, chevalier, seigneur de L'Etancourt et de Montsoulin, lieutenant général de l'artillerie de France.

Le comte de Roye de la Rochefoucauld, seigneur de La Ferté au Col et de Chamigny, suzerain de Messire de Laval, l'avait en affection ; le grand Turenne lui-même avait en estime ce soldat qui avait servi plusieurs années sous lui, comme commandant l'artillerie de France. Aussi le suzerain accéda-t-il au désir du sieur de Laval qui demandait l'érection en fief, sous le nom de L'Etancourt, des héritages qu'il possédait dans les 267 arpents, avec les cens, rentes et coutumes que lui devaient les autres propriétaires et aussi avec 3 setiers d'avoine que les habitants de Cocherel devaient annuellement pour la permission à eux accordée de mener paître leurs bestiaux dans les terres et bois de ce fief (1).

Vers la fin du XVII° siècle, Leschassier, seigneur du Méry-sur-Marne, acquit le fief de L'Etancourt et prit le titre de seigneur de Méry et de L'Etancourt. Par la suite, ce fief fut dénommé fief de Méry (2).

C. — DOMAINE DE LA SEIGNEURIE. — DROITS SEIGNEURIAUX

La seigneurie de Cocherel, telle qu'elle était constituée à la fin du siècle dernier, s'étendait sur 1177 arpent (mesure de 20 pieds) en terres, bois et prés.

La paroisse de Crépoil contenait 329 arpents.

Le seigneur était propriétaire sur Cocherel de 337 arpents de terre ; de plus, comme seigneur de Cocherel et aussi comme seigneur de Lizy, il y possédait 224 arpents de bois.

(1) Acte d'inféodation, 12 décembre 1682, devant Garnot, notaire à Paris ; voir à l'appendice la teneur de cet acte.

(2) En 1526, noble homme Philippe de Séry prenait le titre de seigneur de Cocherel et y possédait des terres du chef de Regnault de Séry, son père et de Philippe de Séry, son oncle. Sa possession devait être le fief des Riches.

Parmi les droits seigneuriaux et féodaux qui avaient pesé sur Cocherel, la taille et la corvée seigneuriales, les terrages, la mainmorte, le for-mariage avaient disparu depuis plus ou moins longtemps ; il ne subsistait plus à la fin du siècle dernier que les suivants :

1° La justice dans sa plénitude (haute, moyenne et basse), elle était réunie au bailliage du marquisat (1).

Un notaire était chargé de recevoir les actes publics sous le tabellionnage de La Ferté-sous-Jouarre, d'où relevait la justice de Cocherel (2).

2° Les cens, surcens et rentes seigneuriales.

Le cens était une redevance prélevée par le seigneur sur toute terre de roture située en sa seigneurie, comme prix de la protection qu'il assurait ou était censé assurer. Cette redevance était de 6 deniers par arpent.

Le surcens et les rentes seigneuriales reposaient sur la convention ; c'était le prix d'une concession faite par le seigneur. Ils étaient irrachetables comme le cens lui-même, et le propriétaire, quel qu'il fût, ne pouvait en affranchir sa maison ou son champ.

En 1785, comme on l'a vu plus haut, les cens, surcens et rentes seigneuriales s'élevaient à 203 l. 10 s. 9 d. tant en argent qu'en nature (blé, avoine, chapons, poulets, etc.) ; de plus il était dû, pour les pâtis communaux de Cocherel, en argent 3 l. 18 s. 5 d. et en avoine 235 minots 2 picotins et demi évalués 399 l. 15 s. 6 d., ce qui donne pour la seigneurie de Cocherel 607 l. 4 s. 6 d.

On remarquera que les redevances en grains consistaient principalement en avoine et on en conclura que la culture de cette céréale était dominante.

3° Les lods et ventes.

Toute vente immobilière donne aujourd'hui ouverture au profit de l'Etat à un droit que nous appelons de mutation ou droit d'enregistrement qui, après avoir été longtemps de 6 fr. 05 c., décimes compris, a été porté à 6 fr. 87 c. 1/2 pour %. Avant 1789, indépendamment du droit de contrôle (un pour cent à payer au roi),

---

(1) Il existait entre Crépoil et Montsoulin, sur une pièce de terre appelée encore pièce des justices, des fourches patibutaires.

(2) Voici les noms de quelques-uns de ces notaires : 1408, Lessonnat; 1501, Lecomte ; 1507, Baulde; 1516, Fillaires ; 1529, Delapierre ; 1543, Cocuel ; 1556, Rapportebled; 1562, Rommeret ; 1572, Hennecot ; 1574, Harlou ; 1600, Delaplace ; 1660, Cocuel ; 1662, César Bataille ; 1670, Duval ; 1717, Maslé; 1732, René Huyard. Les minutes de ces notaires paraissent perdues.

toute vente do bien de roture donnait ouverture au profit du seigneur à un droit appelé lods et ventes ; à Cocherel il s'élevait au
6ᵉ du prix soit 16 2/3 pour cent. A ce taux exorbitant, s'il n'avait
été par lui-même un obstacle sérieux à la circulation des biens, le
seigneur eût perçu annuellement, comme on l'a vu à la fin du chapitre Iᵉʳ, 1.831 1. 5 s.

4° Banalité.

La seigneurie de Cocherel possédait à la limite de son territoire
vis-à-vis le hameau de Chaton, sur la hauteur, un moulin à vent
qui jouissait de la banalité, c'est-à-dire auquel les habitants de la
seigneurie devaient obligatoirement faire moudre leurs grains. Il a
disparu depuis plus de 200 ans.

D. — Droits du fief de L'Etancourt

Les mêmes droits, pour le fief de L'Etancourt, appartenaient au
seigneur de ce nom depuis 1682. Ils lui avaient été transférés par
le comte de Roye, seigneur de La Ferté-au-Col et de Chamigny,
moyennant une indemnité fixée à 1.018 livres, lors de l'érection
en fief de cette seigneurie. Les cens et rentes s'élevaient annuellement à 23 1. 7 s. et 3 chapons ; la justice avec maire, procureur
fiscal, greffier, ressortissait par appel au bailliage de La Ferté-au-
Col et Chamigny.

§ III. — LA SEIGNEURIE ET LES FIEFS SUR CRÉPOIL

La paroisse de Crépoil au xviᵉ siècle renfermait deux fiefs déjà
nommés plus haut, le fief de la Grande-Maison et le fief des
Marestaux, mouvant l'un et l'autre du fief de la Grande-Maison
de Cocherel, sauf pour la justice et pour celle-ci du seigneur de
La Ferté-au-Col.

Le fief de la Grande-Maison de Crépoil, qui constituait la
seigneurie du lieu, appartenait à cette époque à messire Charles
de Melun ; il le céda à messire Barillon qui, en 1561, en fit au
seigneur de Cocherel pour l'hôtel et les terres (100 arpents) foi et
hommage avec paiement de 100 l. pour droit de quint et requint.
Sa veuve, Catherine Lécuyer, fit à son tour le 17 juillet 1562, foi
et hommage pour la justice de Crépoil au seigneur de La Ferté-
au-Col avec paiement de 30 livres pour droit de relief. Ce même
fief passa le 2 avril 1572 à Nicolas Le Hardy de La Trousse, par

la vente que lui en firent Antoine de Barillon et Louise de Billon, sa femme (Foucart, notaire à Paris). Il n'a plus été séparé de la terre de la Trousse.

Quelques années après, le sieur de La Trousse devint aussi propriétaire du fief des Marestaux appartenant à Nicolas Vaillant ; il en fit en 1613 foi et hommage au seigneur de Cocherel, ainsi que des usages et droits de pâture de la Fesse.

Le domaine de la seigneurie de Crépoil comprenait, outre l'hôtel seigneurial ou ferme, en 1616, 180 arpents, en 1789, 217 arpents.

Le seigneur jouissait des droits de justice haute, moyenne et basse, de cens, surcens et rentes, du droit de lods et ventes et avait un four banal. En 1785, comme on l'a vu plus haut, les cens, surcens et rentes, représentaient 331 l. 15 s. et les lods et ventes perçus sur le pied de huit et demi pour cent étaient évalués à 196 livres par an.

§ IV. — EGLISE ET FABRIQUE. — CONFRÉRIES. — NOTRE-DAME-DE-ROUGET. — CURE. — DIME. — PRESBYTÈRE. — CIMETIÈRE.

I. — COCHEREL.

A. L'Eglise de Cocherel établie sous le vocable de Saint-Christophe et de Saint-Jacques le majeur (1), autrefois de l'archidiaconé de France et du doyenné de Gandelu, est aujourd'hui de l'archidiaconé de Brie et du doyenné de Lizy. En 1533, le dimanche après la Saint-Denis, une église, succédant à une plus ancienne fut dédiée en la paroisse de Cocherel ; cette église elle-même fit place en 1777 à l'église actuelle plus spacieuse que la précédente ; il y fut dépensé 15.000 livres. Le genre d'architecture est le plein-cintre. On y remarque un tabernacle donné en 1638 par le prieur de Grandchamp, deux chapiteaux gothiques placés par le curé Tronchet, une statue de la Vierge sur l'autel qui lui est consacré, deux anges admirateurs en bois sculpté du xive siècle, placés de chaque côté du maître-autel, deux autres statues de Jésus-Christ et de Saint-Joseph placées au-dessous des précédentes, une autre petite statue de la Vierge aussi du xive siècle. Cette dernière statue et les deux anges sont l'œuvre des moines Augustins d'Essômes

(1) Saint-Christophe (Porte Christ), représenté parfois portant le Christ sur ses épaules, fut martyrisé en 250 sous l'empereur Dèce. Saint-Jacques le majeur, un des douze apôtres, frère de Saint-Jean, fut mis à mort par Agrippa en l'an 44.

et ont été donnés à l'église par le curé Aubert. Les fonts baptismaux sont formés d'une pierre magnifiquement sculptée provenant de l'église Saint-Remy de Meaux. L'église des Essarts actuellement détruite a fourni le devant d'autel du sanctuaire, qui mérite d'attirer l'attention. Au-dessus de la porte d'entrée est une tribune établie en 1803 par l'abbé Tronchet, détruite plus tard et rétablie en 1852 par l'abbé Aubert.

Il y a peu d'églises dans nos environs qui soient plus riches en reliques. L'abbé Aubert se plaît dans sa notice à en faire l'énumération avec les noms des donateurs. Nous la reproduisons ci-dessous (1).

L'accumulation de ces reliques, pour lesquelles les évêques de Meaux ont autorisé, en 1773 et en 1864, une procession solennelle, chaque année, atteste le zèle fervent des curés Tronchet et Aubert sous le ministère desquels la plupart d'entre elles ont été acquises à la paroisse. L'un et l'autre d'ailleurs n'ont pas ménagé leurs propres ressources pour l'ornement de leur église, et à l'influence du dernier sont dues d'importantes libéralités soit en argent, soit en objets mobiliers servant au culte ou à l'ornement de l'édifice religieux (2).

Il a été fait dans l'église de Cocherel comme dans toutes les églises de nos villages un certain nombre d'inhumations antérieurement à 1789. On y trouve encore les pierres tombales des curés Marin Bibron (21 novembre 1671) et Toussaint Guichard, bachelier de Sorbonne, doyen de Gandelu (29 janvier 1763). Là furent aussi inhumés Pierre Caboche, laboureur (14 septembre 1653), Antoine Caboche (10 avril 1699), Marie Véreux, femme de François

(1) 1° Saint-François de Sales ; 2° Sainte-Jeanne de Chantal. — Don de l'évêque de Genève : 1772.

3° Saint-Basile, évêque ; 4° Saint-Urbain, évêque et martyr ; 5° Saint-Vincent de Paul ; 6° Saint-François de Paule ; 7° Saint-Philippe de Néry ; 8° Saint-Maur, abbé ; 9° Saint-Urbain, martyr ; 10° Saint-Lucide ; 11° Saint-Candide ; 12° Saint-Bernard, abbé ; 13° Saint-Fauste. — Don de l'archevêque de Damas : 1773.

14° Saint-Probe ; 15° Sainte-Chrétienne. — Don du cardinal Guadagny : 1781.

16° Un morceau de la vraie croix.

17° Sainte-Bathilde ; 18° Saint-Fiacre. — Don de Mgr Allou, évêque du Meaux : 1851.

19° Saint-Edme ; 20° Saint-Quiriace. — Don de l'abbé Houzé : 1851.

(2) M. l'abbé Aubert cite dans sa notice manuscrite parmi les donateurs de ce siècle : le curé Tronchet, Mme Dassy-Desmarchais de Meaux ; M. Gareau, député ; M. François Grandin, Mme Louise Draps; Mlle Armande Lucy ; Mme la marquise de Brachet ; Mme la baronne de la Chauce ; M. le comte et Mme la comtesse de Mony-Colchen. A ces noms il faut ajouter celui de M. l'abbé Aubert lui-même.

Grandin, fermier au Vivier (1702), Jean Pottier, curé (1730), Marie-Madeleine Moujot, mère du curé Tronchet (1775).

Des trois cloches qui se trouvaient lors de la Révolution en l'église de Cocherel, deux ont été requises par la nation, la troisième porte l'inscription suivante : « L'an 1713 nous avons été bénite par messire Pierre Lemaire, curé de Cocherel, et nommée Marguerite par messire Jacques-Auguste-Laurent-Marie-Ferdinand Dal Pozzo, chevalier, seigneur marquis de La Trousse, lieutenant-général du Roy, gouverneur d'Ypres, et dame Marguerite de La Fond, marquise de La Trousse, veuve de feu messire le marquis de La Trousse, dame de cette paroisse. (Au-dessous est écrit) : Reine Lemaire, sœur du curé ; Thibault, F. Grandin, Duval, P. Gibert, M. Bibron. »

B. La fabrique de l'église de Cocherel jouissait de 11 arpents 57 perches de terre sur la paroisse, d'un revenu en 1789 de 120 livres, et de 67 livres 15 sous de rente en 18 parties, dont 33 livres étaient affectées à des services obituaires et dont 30 livres étaient versées au maître d'école clerc paroissial. A cela s'ajoutaient un casuel peu élevé et la jouissance des plantations faites sur les terrains de divers calvaires établis dans le village à La Loge et au Vivier (1).

Les immeubles de la fabrique, devenus biens nationaux, ont été vendus le 13 décembre 1793, moyennant 12.700 livres.

A l'égard des rentes, une partie a été transférée aux Hospices de Fontainebleau ; ce qui en restait a été rendu à la commune, en vertu de l'arrêté des consuls du 7 thermidor an XI.

La fabrique possède aujourd'hui entre autres choses 10 francs de rente sur l'État légués par M. Gilbert, un des derniers curés (1834), 5 francs de pareille rente donnés par M. François Grandin, de Paris (1865) et les 150 francs de rente légués par l'abbé Aubert, comme on le verra plus loin. Ces rentes sont grevées de services religieux.

C. — La cure de Cocherel était à la collation de l'évêque de Meaux ; elle possédait 13 arpents 52 perches de terre sur la paroisse, d'un revenu de 120 fr. en 1789.

(1) M. l'abbé Tronchet, curé de Cocherel, avait établi à grands frais dans le village un calvaire qui a été détruit pour la construction du chemin de grande communication de Cocherel à La Ferté.

Jean Goussard, curé de Germigny-sous-Coulombs, et Raphaël Royer, avocat au Parlement de Paris, propriétaire de la ferme de La Folie, avaient fait des fondations en l'église de Cocherel. (Archives de Seine-et-Marne, G. 210).

En outre le curé avait, tant sur la paroisse même qu'en dehors, un droit de dîme dont le revenu au moment de la Révolution n'était pas inférieur à 1.500 livres.

Les immeubles de la cure ont été comme ceux de la fabrique vendus à la requête de la Nation ; cette vente a eu lieu le 31 juillet 1792, moyennant 8.125 livres (1).

Les curés de Cocherel faisaient partie de la conférence dont le siège était à Raroy chez les Oratoriens et devaient s'y rendre les 1er et 3e jeudi de chaque mois, de la mi-avril au mois d'octobre de chaque année.

D. — Le presbytère de Cocherel était situé auprès de l'église ; vendu nationalement le 6 vendémiaire an V, il a été racheté au profit de la commune en 1806, suivant le vœu de l'abbé Tronchet, alors curé, qui, avant de mourir, avait fourni le prix de cette acquisition.

Agrandi depuis d'un bâtiment qui était autrefois une des granges dimeresses, il est encore en la possession de la commune.

E. — Le cimetière de Cocherel, situé de temps immémorial audevant de l'église et auquel, lors de l'épidémie de 1699, on avait adjoint, pour cette circonstance, un second cimetière au bout de la grande rue, a été transporté en 1836, pour motif de salubrité, au nord du village.

F. — Il a existé à Cocherel une confrérie de Saint-Christophe, patron de la paroisse (2). Elle est tombée en désuétude depuis longtemps et a été remplacée par celle du Saint-Sacrement établie en 1731 (le 19 mai) par le cardinal de Bissy, évêque de Meaux, successeur immédiat de Bossuet, en action de grâce de ce que « le pays était purgé de l'hérésie des siècles précédents » ; maintenue par l'évêque de Meaux, en 1835 et plus récemment en 1864, elle existe encore ; chaque année il est dit une messe basse pour les confrères décédés.

(1) Ont aussi été vendus nationalement les biens ecclésiastiques ci-après, situés sur la paroisse de Cocherel : Le 8 juin 1792, 9 arpents 75 perches appartenant à la cure de La Ferté-sous-Jouarre, moyennant 7.300 livres ; le 29 janvier 1793, 1 arpent appartenant à la cure de Rademont, moyennant 1.375 livres ; le 14 du même mois, 8 arpents dits la pièce de Longpont, appartenant à l'abbaye de Longpont, moyennant 8.325 livres ; le 3 octobre suivant, 35 arpents appartenant au prieuré de Reuil, moyennant 13.200 livres.

(2) Suivant un usage qui subsiste encore dans certaines églises le droit de porter le bâton du saint se mettait aux enchères : il fut adjugé en 1635 à Henri Guyct pour 10 livres de cire, en 1635 à Jean Losourd, Nicolas Boucher et Jean Charbonnier, moyennant 15 livres aussi de cire.

G. — Lors de l'épidémie de 1699 il fut fait, avec la permission de Bossuet, évêque de Meaux, une procession à l'autel de la Vierge érigé près du prieuré de Rouget non loin de Cocherel ; cette solennité avait pour but d'obtenir la cessation du fléau. Le fléau cessa en effet. En souvenir de cette délivrance, la procession solennelle se fit jusqu'au moment de la Révolution. A cette époque la chapelle de Rouget fut détruite ; pour faire revivre l'ancienne solennité, l'abbé Tronchet, curé de Cocherel, fit élever en 1803 au hameau de La Loge une nouvelle chapelle qu'il orna d'une statue de la Vierge sculptée par lui. Cette statue fut remplacée en 1866 par la statue même de l'autel de Rouget, retrouvée par hasard et on y inscrivit : « Notre-Dame de Rouget invoquée dans l'épidémie de 1699, mutilée en 1793, retrouvée, restaurée et donnée en 1866 par Antoine Vasseur. » Depuis 20 ans environ, en vertu d'une autorisation épiscopale, le clergé de Cocherel fait chaque année, le premier samedi libre entre Pâques et la Pentecôte, à Notre-Dame de Rouget, une procession qui attire un assez grand concours de population.

H. — L'église de Cocherel a été comprise dans les succursales établies en 1801 et le service religieux y est fait par un desservant qui réside dans la commune.

I. — De 1635 à nos jours on ne compte que 11 curés ou desservants à Cocherel : 1635-1655, Jean Aqueville ; 1656-1665, Marin Bibron qui a légué 33 livres de rente à la fabrique à la charge de célébrer un obit annuel et de faire chanter tous les dimanches les litanies de la Sainte-Vierge ; 1665-1683, René Bibron, frère du précédent ; 1683-1725, Pierre Lemaire ; 1726-1730, Jean Pottier ; 1730-1763, Jean-Baptiste-Toussaint Guichard ; 1763-1806, Jean-Baptiste-Sébastien Tronchet, sauf l'interrègne révolutionnaire durant lequel, d'août 1791 à avril 1794, le ministère a été exercé par un prêtre assermenté du nom de Thomas Coquillard ; l'abbé Tronchet avait le 30 janvier 1791 prêté aussi le serment constitutionnel, mais avec restriction ; il fut considéré comme l'ayant refusé et condamné à la déportation. Cette condamnation toutefois ne fut pas exécutée, l'abbé Tronchet fut détenu dans les prisons de Provins, et revint à Cocherel en 1797.

Citons dans notre siècle, 1806-1833, Louis-François Gilbert qui légua à la fabrique de son église 300 fr. à la charge de célébrer, le jour anniversaire de sa mort, les Vigiles à neuf leçons et une messe haute (service qui a depuis été, avec les autorisations nécessaires, transformée en une messe basse), plus pareille somme de 300 fr. pour l'embellissement de l'église ; l'abbé Gilbert avait prêté le serment constitutionnel le 6 février 1791, comme vicaire de Crouy; 1833-1877, Pascal-Alfred Aubert, auquel l'église doit la plupart de ses ornements. Il a en mourant légué à son église, les vases et ornements servant au culte qui lui appartenaient et une rente annuelle trois pour cent sur l'Etat français de 150 francs, à la charge de 13 messes par an, à son intention, et de 30 francs à distribuer annuellement par le curé aux pauvres de la paroisse.

M. Aubert dont la mémoire est vénérée de tous ceux qui l'ont connu a eu pour successeur M. Salmon actuellement en exercice (1).

J. — La religion réformée avait au xviie siècle pénétré à Cocherel. Après la révocation de l'édit de Nantes, la plupart des réformés abjurèrent : les registres de paroisse constatent les abjurations faites entre les mains du curé Lemaire, le 15 décembre 1685, par Madeleine Plicœur, femme d'Antoine Sebain et deux de leurs filles, et par Judith Villeret, femme de Jean Sebain, plâtrier, et les 23 décembre 1685 et 24 août 1686 par trois autres filles de Madeleine Plicœur dont deux étaient âgées de 14 et 12 ans.

En 1734, le curé Guichard déclarait qu'il n'existait pas de calvinistes en sa paroisse.

L'abbé Aubert, dans la Notice manuscrite déjà citée, datée de 1866, s'exprime ainsi au sujet de ses paroissiens : «Aux siècles derniers tous les habitants avaient une religion vraie et sincère et faisaient la consolation de leurs pasteurs : aussi n'en compte-t-on qu'un petit nombre en beaucoup d'années. Les habitants sont naturellement bons, mais la foi s'est singulièrement affaiblie parmi eux et la ferveur de la piété s'est presque évanouie. En 1820, m'a-t-on dit, le plus grand nombre faisait chaque année ses devoirs religieux ; de mon temps (depuis 1833), la moyenne annuelle des communions n'a pas dépassé 60 ; toutefois lors de la mission prêchée par un R. P. Liguorien, en 1864, elles se sont élevées à 134 du 9 au 29 novembre 1864. »

(1) Un prêtre, né à Cocherel, du nom de Jean-Baptiste-François Guichard, a été condamné à mort le 15 vendémiaire an II, pour propos contre-révolutionnaires.

II. — CRÉPOIL (1)

A. — L'ancienne église de Crépoil dédiée à Saint-Leu, ne se distingue que par la croix qui la surmonte du reste des bâtiments de la ferme dont elle semble faire partie (2).

On y remarque la pierre tombale de Jean Perrier sur laquelle le défunt est gravé revêtu d'une chasuble avec cette inscription : « Cy gist vénérable et discrète personne, Messire Jehan Perrier, prêtre natif de Cocherel, pourvu de la cure de Crépoil en l'an 1590, et premier chapelain succursal du hameau de La Trousse, qui trépassa le 20 novembre en l'an 1617, priez Dieu pour son âme. »

Une autre pierre tombale encastrée dans la muraille rappelle le nom de Claude Dubois, décédé le 3 mars 1683, curé de Crépoil pendant 42 ans, chanoine de Meaux, et mentionne les rentes qu'il a fondées pour services religieux à célébrer pour le repos de son âme.

Fut aussi inhumé dans l'église le 25 janvier 1774, un chapelain du château de La Trousse, Jean Defournaut, religieux profès de l'ordre de Saint-Bernard, de la maison de Chailly.

La cloche de l'église de Crépoil a été baptisée en 1743 sous le nom de Marie-Anne-Dominique. Le parrain a été Pierre Jouard, receveur du marquisat de La Trousse et la marraine une dame de la maison de la marquise.

B. — La fabrique de Crépoil possédait 6 arpents de terre situés sur la paroisse, vendus nationalement le 3 octobre 1793, moyennant 5,300 livres, et 27 livres de rente dont partie a été transférée aux hospices de Fontainebleau.

C. — La cure était à la collation de l'évêque de Meaux. Elle possédait 6 arpents 60 perches de terre. C'était tout son domaine. Le curé, privé des grosses et même des menues dîmes de sa paroisse qui appartenaient pour deux tiers au sacristain du couvent de Reuil et pour un tiers à l'abbé de Notre-Dame de Chaâge à Meaux, était réduit à la portion congrue fixée par le roi d'abord à 300 livres, puis portée à 500 livres en 1786 (3). Sa juridiction toutefois s'étendit au commencement du xv° siècle sur le château de La

---

(1) La paroisse de Crépoil était au xiv° siècle réunie à Cocherel ; elle en était séparée au xvi° siècle et en est restée séparée jusqu'à la Révolution.
(2) Saint-Leu ou Loup était évêque de Sens sous Clotaire II, il mourut en 623.
(3) Les dîmes de Crépoil rapportaient, en 1785, 4 livres par arpent.

Trousse, comme on le verra plus loin dans le chapitre consacré à Ocquerre, et il reçut de ce chef une rente annuelle de 30 livres indépendamment des profits casuels.

Les immeubles de la cure ont été vendus à la requête de la Nation, le 25 novembre 1791, moyennant 5,300 livres.

Le curé de Crépoil, au moment de la Révolution, se nommait Desgentel ; il prêta le serment constitutionnel le 16 janvier 1791 (1).

D. — Le Presbytère de Crépoil a été vendu par la Nation, le 26 thermidor an IV, moyennant 600 livres.

Le cimetière est placé vis-à-vis l'église dont il est séparé par la rue.

E. — Le clergé de Cocherel fait chaque année le premier dimanche de septembre une procession solennelle à une croix élevée en l'honneur de Saint-Leu auprès d'une fontaine non loin du village. C'est un lieu de pélerinage auquel on apporte ou amène des enfants. Le prêtre récite sur eux un chapitre de l'évangile de Saint-Luc et, suivant la croyance populaire, ces enfants sont préservés à jamais de la peur.

F. — Depuis le Concordat, l'église de Crépoil est une chapelle simple sans titre légal (2).

§ V. — L'ÉCOLE

Les paroisses de Cocherel et de Crépoil avaient chacune son école dirigée par le clerc paroissial ; cumulant les deux offices, se livrant durant 3 ou 4 mois aux travaux des champs, cet humble agent avait à peu près de quoi se nourrir et nourrir sa famille. On se perpétuait même volontiers dans cet emploi comme en témoignent François Susset et Nicolas Susset, son fils, qui furent maîtres d'école à Cocherel de 1699 à 1779 et qui eurent pour successeur Bonnet, gendre de Nicolas. A cette dernière date, la fabrique de l'église assurait au maître une rente bien modeste de 33 livres 10 sous par an. Celui-ci percevait en outre un écolage de 10 ou 15 sous par mois.

(1) Les registres de la paroisse de Crépoil constatent, à la date du 26 février 1666, l'abjuration d'un calviniste du nom de Charles Larose dit La Montagne, cavalier en la compagnie du marquis de La Trousse.

(2) Ici se placerait le chapitre relatif à la bienfaisance : il n'existe pas à Cocherel de bureau de bienfaisance.

Récemment, la comtesse de Mony-Colchen a légué aux pauvres de Crépoil une rente de cinquante francs par an à distribuer par le curé.

L'élection d'Etienne Vasset comme clerc paroissial et maître d'école de Crépoil en 1791, indique les obligations incombant alors aux maîtres de l'enseignement primaire :

« 1° Il fera l'école de la Toussaint jusqu'au temps où les enfants vont aux nesles et aux chardons ; il sera assidu à leur montrer à lire et à écrire et à leur apprendre le catéchisme.

» 2° Il sera assidu les fêtes et dimanches aux offices de la paroisse ;

» 3° Il balayera l'église tous les samedis ainsi que la sacristie et ôtera la poussière des chandeliers ;

» 4° Il servira la messe à M. le curé ou lui fournira un enfant ; il sonnera l'Angelus trois fois par jour, sonnera la messe et les vêpres les dimanches et jours de fête, pliera les ornements et chantera toutes les messes de fondation. »

Le maître d'école était absorbé par le clerc paroissial.

Grémion qui se présentait en 1704 pour tenir l'école de Cocherel offrait d'enseigner « la lecture, l'écriture et les quatre premières règles, les règles de trois directes et inverses, fausses positions, racine carrée, racine cubique, toisé des bois, les quatre règles des fractions, la géométrie ». A l'en croire c'était un savant. Il ne parle pas de l'orthographe, avec raison, sa lettre indique qu'il n'en savait rien.

La maison d'école de Cocherel était dans le voisinage du Presbytère. Elle fut brûlée en 1815 et l'école fut établie peu après dans une des granges dimeresses également voisines du Presbytère ; vers 1835, elle a occupé un bâtiment spécial et le logement de l'instituteur a été aménagé dans l'ancienne grange des dîmes.

Cette installation qui dure encore est incomplète : le logement de l'instituteur est insuffisant et aurait besoin d'être assaini, l'école manque de préaux. La municipalité s'occupe de remédier à cet état de choses.

La maison d'école de Crépoil qui appartenait à la fabrique de l'église a été vendue nationalement le 24 fructidor an V. Crépoil resta privé d'école particulière et dut recourir à celle de Cocherel jusqu'en 1882 ; à cette époque il y fut établi une école de hameau.

La maison où elle se tient a été prise à bail par la commune ; la salle de classe et le logement de maître sont également défectueux. La commune, qui veut procurer à son hameau un enseignement égal à celui du chef-lieu, a décidé d'élever une construction spéciale.

L'instruction élémentaire a fait de sensibles progrès dans le cours de ce siècle, ainsi que le constatent les chiffres suivants relevés sur les actes de mariages :

DATES	NOMBRE DE Mariages	ILLETTRÉS		Proportion pour cent	
		HOMMES	FEMMES	HOMMES	FEMMES
1701 à 1800	239	79	196	33	82
1801 à 1860	217	45	87	21	40
1861 à 1877	75	9	9	12	12
1878 à 1887	25	2	1	8	4

Avant 10 ans, espérons-le, les illettrés auront entièrement disparu.

Il n'existe pas de caisse dite des écoles ; le conseil municipal consacre chaque année 100 francs aux fournitures scolaires en faveur des enfants indigents.

La bibliothèque scolaire comprend 44 volumes : le nombre des prêts est d'environ 50 par an. Il faut y ajouter les prêts de la bibliothèque circulante qui ne s'élèvent pas à moins de 450 par année.

L'école de Cocherel a obtenu de 1874 à 1888 30 certificats d'études primaires dont 21 de 1880 à 1886, sous la direction de M. Meunier, aujourd'hui instituteur à Puisieux, et 9 en 1887 et 1888, sous celle de M. Morizot, instituteur actuel. Ces succès placent l'école de Cocherel dans les premiers rangs des établissements scolaires du canton de Lizy.

L'école de Crépoil a obtenu 3 certificats d'études en 1883 et 1884, et 2 en 1888 sous la direction de M. Verdier.

§ VI. — TERROIR. — AGRICULTURE. — INDUSTRIE

Sur les 1.177 arpents composant le territoire de Cocherel, les biens nobles ou fiefs en comprenaient 603 ; les biens d'église, 78 seulement.

Le surplus, entièrement de roture, se divisait entre un nombre assez considérable de propriétaires ou censitaires : 96 en 1762 ; 140 en 1780, après le partage des pâtis.

Au regard de l'exploitation, une grande ferme occupait 457 ar-

pents ; 8 exploitations variant de 20 à 88 arpents formaient un total
de 308 arpents ; 28 arpents étaient cultivés à loyer par 4 habitants
et 84 arpents étaient occupés par les propriétaires eux-mêmes.

Le gros matériel vivant de cette culture comptait en 1770 : 36
chevaux, 110 vaches, 600 bêtes à laine.

On constate aujourd'hui sur Cocherel augmenté de Crépoil :
90 chevaux, 5 bœufs de travail, 160 bêtes à cornes et 1.000 bêtes
à laine.

Le terroir de Crépoil était de 395 arpents ; il en appartenait au
seigneur 217 arpents ; il restait 178 arpents de roture soumis au
cens. L'église et la cure ne possédaient que 12 arpents 60 perches.

Pour l'exploitation, en y comprenant La Trousse, le sol se divisait entre trois grandes fermes, l'une de 350 arpents, les deux autres de 225 et 154 arpents et 3 petites variant de 25 à 54 arpents ;
7 habitants faisaient valoir à loyer une superficie de 36 arpents ;
enfin 56 arpents appartenaient en propre à ceux qui les faisaient
valoir.

Depuis 1789 la propriété et l'exploitation du terroir se sont mor-
celées dans la commune de Cocherel. Il n'y a pas moins de 360 propriétaires inscrits à la matrice cadastrale. Il y subsiste les deux
fermes autrefois seigneuriales de Cocherel et de Crépoil ; et le surplus, sauf une exploitation de plus de 50 hectares, se subdivisa entre
environ 30 exploitants.

Sur le hameau de La Trousse dépourvu de population se trouvent
encore la ferme autrefois seigneuriale et la ferme de Lury ; elles
absorbent la presque totalité du territoire (1).

La population de Cocherel et Crépoil était presque entièrement
vouée au travail de la terre. Les fermes lui procuraient un emploi
constant de ses bras et la prospérité de l'agriculture donnait la
mesure de l'aisance de ses habitants ; cette prospérité, à la veille de
la Révolution, était générale dans notre contrée. Elle est attestée
à Cocherel par ce fait mémorable que 441 arpents de la ferme seigneuriale de Cocherel affermés en bloc avec le corps de ferme en

---

(1) La ferme autrefois seigneuriale de Cocherel, restée jusqu'en ces derniers
mois dans la descendance de l'acquéreur du marquisat de La Trousse, est passée
récemment des mains de Mme la marquise de Haincourt entre celles de M. François Grandin, de Paris ; celle de La Trousse, restée dans la descendance de l'acquéreur du marquisat appartient à Mme la marquise de Brachet et M. le comte
Henri de Mony-Colchen ; la ferme de Lury appartient à ce dernier et celle de Crépoil à M. le baron de Vendœuvre.
Les fermes du Vivier, de la Loge et de la Folie ont disparu, ou se sont divisées.

1773 moyennant 4.500 livres, ont trouvé en 1783 preneurs au détail moyennant 9.537 livres, c'est-à-dire plus du double ; tant le villageois était avide de cultiver pour son propre compte et se sentait en état de le faire.

D'autre part le fermage de la ferme de Crépoil qui était par arpent de 6 livres 10 sous en 1697 était de plus du double en 1779 et atteignait 22 livres en 1785.

Sans avoir à rechercher quel est le taux des fermages actuels, on peut affirmer que ces fermages, même au plus haut chiffre qu'ils aient atteint dans le cours de ce siècle, ne sont pas arrivés à compenser la dépréciation du numéraire.

Cependant les impôts étaient lourds, plus lourds qu'aujourd'hui. En 1788 la taille et la capitation s'élevaient pour Cocherel et Crépoil, qui comprenait une partie de La Trousse, à 3.665 livres et pour Ocquerre qui comprenait le surplus de La Trousse à 5.165 ; les 20ᵉ qui frappaient les revenus fonciers s'élevaient à 1.378 livres pour Cocherel et Crépoil et à 1.172 livres pour Ocquerre, au total 12.370 livres (en valeur d'aujourd'hui plus de 30,000 francs), allant se perdre dans les coffres du roi. Or le principal de la contribution foncière dû à l'Etat est de 6.297 fr. 74 pour Cocherel, et de 6.508 fr. 83 pour Ocquerre, au total 12.806 fr. 57 (rôle de 1884). A ce total s'ajoutent les centimes départementaux et communaux, 9.986 fr. 71 pour Cocherel et 8.727 fr. 09 pour Ocquerre (même rôle), mais ces contributions profitent du moins à la commune qui les supporte.

Quoi qu'il en soit, la charge est bien pesante. Elle serait plus pesante encore si lors de la nouvelle sous-répartition foncière que le conseil général de Seine-et-Marne a opérée de 1858 à 1860 entre les arrondissements, Cocherel et Ocquerre ne s'étaient pas trouvés déchargés en principal, l'un de 620 fr. 40 et l'autre de 557 fr. 40, ce qui avec les centimes additionnels départementaux et généraux représente pour l'un une décharge annuelle de plus de 1.000 fr. et pour l'autre une décharge aussi annuelle de près de pareille somme (1).

A côté de l'agriculture s'est établie fort anciennement et s'est maintenue à Cocherel une industrie née de la nature du sous-sol, l'extraction et la fabrication du plâtre. La partie du territoire qui a été affouillée est assez étendue et l'on rencontre à chaque pas des

(1) Un des principaux promoteurs de cette mesure a été M. Frédéric Benoist, conseiller général du canton de Lizy.

fondrières provenant de ce travail. Il ne subsiste plus que deux
plâtrières qui, en 1884, ont livré au commerce 1.700 mètres cubes
de plâtre.

Le sous-sol fournit aussi en certains endroits d'excellentes pierres meulières pour la construction et l'entretien des chemins. L'extraction de ces matériaux occupe les ouvriers au moment où les
travaux de l'agriculture sont moins actifs.

Il se rencontre également dans le sous-sol de Cocherel une terre
argileuse très-propre à la confection de briques, tuiles et tuyaux
de drainage. Un établissement s'est fondé à cet effet, qui, s'il était
pourvu des ressources nécessaires, serait appelé à prospérer.

Parmi les auxiliaires de l'agriculture, la Société d'agriculture,
sciences et arts de Meaux a honoré de ses récompenses :

1844, Barlier Jean-François, butteur en grange, comptant 57 ans
de travail dans la même ferme. Médaille de bronze.

1845, Ronsin Pierre-Augustin, berger, 36 ans de service, médaille de bronze.

1861, Leclerc Jean-François, berger, durant 34 ans MM. Grandin père et fils, soutien d'un frère et d'une sœur orphelins, médaille d'argent.

§ VII. — BOIS ET PATIS COMMUNAUX

De tous les débats soulevés presque en tous lieux entre le seigneur et ses manants au sujet des biens communaux, il n'en est
guère qui aient été plus ardents et plus prolongés que ceux qui se
rencontrent à Cocherel. Ils ont duré près d'un siècle ; nous en rap-
pellerons sommairement les vicissitudes.

Cocherel avait la possession et jouissance en commun avec Vendrest et Rademont de 144 arpents de bois. Le 13 mars 1578, ces
communautés en firent le partage entre elles ; il fut donné 72 arpents de taillis à Cocherel et pareille quantité à Vendrest et Rademont. Les biens échus à Cocherel et 217 arpents de pâtis communaux, situés sur la paroisse, dépendaient originairement du fief de
La Fesse, qui, en 1627, appartenait pour partie au seigneur de
Lizy, François d'Angennes de Montlouet. Ils avaient été concédés
par un des propriétaires de ce fief moyennant une redevance d'une
poule par feu. Sur les bois taillis qui leur étaient échus les habitants de Cocherel vendirent 12 arpents au sieur de Bogue-Mont-
soutin, et en 1629, 35 arpents à Sébastien Le Hardy de La Trousse,

moyennant 1,050 livres ; par le contrat de cette vente les vendeurs
se reconnurent expressément débiteurs d'une poule par feu à cause
des pâtis. Le seigneur de La Trousse devint peu après propriétaire de la totalité du fief de La Fesse ; dès lors il prit possession
des 25 arpents de bois non vendus et s'en prétendit seul maître à
titre de triage (1). Cet état de choses dura plus d'un siècle, sans
qu'il apparaisse d'aucun trouble ni d'aucune revendication. Mais
en 1747, les habitants de Cocherel élevèrent la prétention de
rentrer, moyennant le remboursement du prix, dans les bois
vendus, comme illégalement aliénés. Ils eurent gain de cause devant
la maîtrise de Crécy-en-Brie, furent déboutés de leur demande devant la Table de marbre à Paris (18 avril 1750) et sur le recours
porté devant le conseil du roi, les parties furent renvoyées devant
le grand-maître des eaux et forêts de la généralité de Paris.

Durant cette instance, les habitants de Cocherel, se considérant
comme propriétaires et non comme simples usagers des pâtis, ob-
tinrent de l'intendant l'autorisation d'en défricher et mettre en
culture 50 arpents : ils ne pouvaient toutefois les affermer que
pour 9 ans par fraction de 5 arpents au plus et à des habitants de
la paroisse. Au mépris de cette clause, ils louèrent pour une durée
de 36 ans (2 février 1751).

La marquise de La Trousse demanda la nullité de l'autorisation
accordée aux habitants et du bail qu'ils avaient consenti. Ce fut
dans la paroisse une vive agitation et les paroissiens se divisèrent,
les uns voulant résister, les autres proposant de céder. Plusieurs
assemblées demeurèrent infructueuses. Tout à coup les habitants
subissant l'entraînement qui portait alors les communautés à partager leurs biens communaux, firent entre eux le partage des
pâtis et en commencèrent le défrichement sans même respecter
les chemins qui les desservaient et qui, en tous cas, étaient propriété seigneuriale. Le tuteur de Mlle de La Trousse les fit condamner par le Parlement de Paris. D'autre part il s'assura le
désistement des habitants de Crépoil et de La Trousse qui eux
aussi avaient droit aux pâtis. Par transaction du 18 juillet 1765,
les habitants de ces localités reconnurent que le fonds des pâtis
comme du bois de La Fesse était la propriété de Mlle de La Trousse
et qu'ils n'y avaient qu'un droit d'usage à la charge d'une poule et
d'une mesure d'avoine par feu et par an ; et déclarant en même

(1) Par le triage le seigneur devenait propriétaire d'une partie du bien et le
surplus appartenait aussi en propriété aux habitants.

temps qu'à raison du mauvais état des chemins ils ne pouvaient jouir et de temps immémorial n'avaient pas joui de ces usages, ils se désistèrent des droits qu'ils pouvaient y avoir, et les transmirent à Mlle de La Trousse qui les déchargea pour le passé et pour l'avenir de la redevance usagère, ainsi que de tous frais et indemnités (1).

Pareil désistement fut obtenu des habitants de Vieux-Moulin qui avaient aussi droit aux usages du fief de La Fesse ; à l'égard de Candilly et du Vivier qui avaient un semblable droit, il paraît qu'il n'y existait plus alors d'habitants.

Armée de ces désistements, Mlle de La Trousse à son tour demanda le partage des pâtis et l'attribution à son profit des parts dont elle était cessionnaire, ce qui eut fortement réduit la portion restant à Cocherel. Dans cette situation les habitants de Cocherel durent accepter une transaction où se révèle le caractère bienveillant et désintéressé de Mlle de La Trousse devenue comtesse d'Harville. Aux termes de cette transaction les habitants de Cocherel déclarèrent comme ceux de Crépoil et La Trousse qu'ils n'avaient jamais eu qu'un droit d'usage dans les bois et les pâtis du fief de La Fesse ; en raison des stipulations de la transaction même, ils y renoncèrent expressément, et reconnurent la comtesse d'Harville comme seule propriétaire de ces bois et pâtis. De son côté la comtesse d'Harville les déchargea non seulement de tous frais, amendes, dommages et intérêts, mais aussi de tous arrérages échus de la redevance, leur versa même une somme de 600 livres, et de plus leur abandonna la propriété de la totalité des pâtis et usages moyennant six deniers de cens et, à titre de surcens, trois boisseaux d'avoine (mesure de Meaux) de rente foncière et seigneuriale, non rachetable, par arpent et par an, se réservant la seigneurie directe et le droit de planter sur les bords des chemins (2).

_____

(1) Parmi les habitants de Crépoil et La Trousse, en 1765, se trouvent les noms suivants : Louis Magu, vigneron ; Jean Gaillet, manouvrier ; Nicolas Bochet, manouvrier ; Jean et François Lefèvre, tailleurs d'habits ; Antoine Barlier, vigneron ; François Lucy, cordonnier ; Louis Claret, maréchal ; Denis Coucy, maître des écoles. Sur 29 comparants, 25 ont su signer.

(2) Cette transaction avait été précédée d'une assemblée à laquelle avaient concouru 70 personnes, c'est-à-dire la totalité des chefs de ménage de Cocherel (6 octobre 1765). Nous relevons les noms suivants : Etienne Mounoury, tailleur d'habits, syndic ; Nicolas Duval, laboureur ; Julien Théodon, charron ; François Champion, bourrelier ; Pierre Vol, maçon ; Louis Grandin ; Charles Liégeois, plâtrier ; Jean-Nicolas Sussel, maître d'école ; Pierre-Rech Trouet, vigneron ; Pierre Blavot ; Louis Barbier, Charles Devron, Isaac Flamant. Sur 65 comparants en personne, 31 ont déclaré ne savoir signer.

Cette transaction constatée par acte du 28 février 1768 (Picart, notaire à Lizy), fut homologuée le 0 juin suivant, par arrêt du conseil du roi, autorisant les habitants de Cocherel à convertir en terres labourables les portions de terrain jusqu'alors improductives.

Ils profitèrent aussitôt de cette autorisation en confirmant le partage qu'ils avaient déjà fait entre les 66 ménages de Cocherel de 105 arpents, et ultérieurement en 1787 (7 janvier, Bonnet, notaire à Lizy), ils divisèrent entre les 65 ménages existant alors 52 arpents restés indivis, de telle façon qu'en vertu de ces deux partages chacun eut une égale contenance (239 perches mesure de vingt pieds par perche et de 100 perches par arpent) (1).

Dès ce moment ils jouirent sans trouble à titre de propriétaires des pâtis du fief de La Fesse et se trouvèrent même en 1792 libérés soit de fait, soit de droit, par les événements et lois de la Révolution, de la redevance dont ces pâtis étaient chargés.

Ils ne se contentèrent pas de cet avantage inespéré ; en 1793, invoquant les lois portées contre la féodalité et sans égard à la transaction de 1768, ils revendiquèrent les bois de la Fesse restés en la possession de la comtesse d'Harville. Les arbitres nommés par elle, par M. Baudon de Mony, son acquéreur, et par les habitants, se prononcèrent en faveur de ceux-ci et les autorisèrent tout d'abord à rentrer en possession des 35 arpents situés au lieudit le bois de La Trousse, composés de deux pièces : l'une de 12 et l'autre de 23 arpents (acte Picart, notaire à Lizy, du 3 octobre 1793) ; ce qu'ils firent immédiatement.

Il y a plus : le 6 ventôse an II, les arbitres considérant qu'aux termes d'une déclaration faite en juin 1640, devant Delaplace, tabellion à Cocherel, les habitants avaient droit à 217 arpents de pâtis (petite mesure), tandis qu'ils n'en possédaient que 210 (ou 157 arpents à la mesure de vingt pieds), décidèrent qu'il leur serait fourni sept arpents pour compléter les 217.

Enfin sur la revendication que faisaient les habitants de 28 arpents qu'ils prétendaient conservés à tort par le seigneur et qu'ils disaient être à prendre dans le bois de Montjay, les arbitres « attendu que la commune justifiait tant par une sentence de la maîtrise des eaux et forêts de Crécy, du 31 juillet 1749, que par l'énoncé de l'arrêt du conseil, du 19 mars 1754, qu'elle avait eu

(1) Le terrain à partager avait été divisé en trois soles et chaque ménage avait eu trois parcelles, une dans chaque sole.

anciennement sinon la propriété, du moins la jouissance, de 72 arpents de bois (mesure de 18 pieds 4 pouces) ; qu'elle n'en possédait que 35, auxquels il y avait lieu d'ajouter 9 arpents (pourquoi
pas 12), vendus à un sieur Gautier (lisez de Bogue), qu'il y avait
en conséquence lieu de lui en fournir 28 » ordonnèrent que cette
quantité de 28 arpents de bois fût fournie aux habitants de Cocherel. A la distance de près d'un siècle, sans le secours des titres, il
est difficile d'apprécier cette sentence. Il est en tous cas malaisé
de l'approuver, quand on se rappelle les termes formels de la
transaction de 1768. Il paraît du reste qu'elle n'a point reçu d'exé-
cution durable. Si les habitants de Cocherel ont joui de la totalité
ou de partie des bois en litige, de 1793 à 1797, en 1798 par suite de
circonstances restées inexpliquées, soit faiblesse et inertie de l'autorité municipale, soit reconnaissance implicite du droit de l'ancien
seigneur et de l'iniquité de la sentence arbitrale, le représentant
du seigneur avait repris possession des objets litigieux et les choses
étaient remises au même et semblable état qu'avant cet arbitrage.

Trente-six ans se passèrent paisiblement et on pouvait croire le
débat entièrement clos ; il n'en était rien. En 1834 le conseil municipal, cherchant à remuer ces cendres éteintes, tenta un dernier
effort et introduisit une nouvelle instance en revendication ; mais
il ne suivit pas sur cette instance, dont en 1840 le marquis de
Raincourt, devenu propriétaire du bois de la Fesse, fit prononcer
la péremption. Ce fut le dernier acte de ce long débat.

Quoi qu'il en soit, la génération actuelle ne doit pas oublier que
ses ancêtres lui ont assuré la propriété d'une notable partie du
territoire. Cette ressource a apporté l'aisance en plus d'une maison ; elle a atténué la dépopulation, si elle ne l'a pas empêchée. Il
eût été désirable toutefois que les propriétaires de ce terrain eussent
pratiqué depuis longtemps de concert entre eux, ou y fissent pra-
tiquer du moins maintenant, un drainage qui en doublerait la valeur (1).

Les pâtis donnèrent lieu à une contestation d'une autre nature
entre les habitants et leur curé (l'abbé Tronchet) : par déclaration
du 13 août 1766, le roi avait affranchi de la dîme durant 15 ans les
terrains incultes qui seraient défrichés ; si l'autorisation de défri-

(1) Les habitants de Lizy ont été moins favorisés que ceux de Cocherel. Ils
avaient en droit d'usage, de pâturage et de pêche dans les 180 arpents du bois de
Montjay-sur-Cocherel. Comme faisaient les Cocherellois, ils revendiquèrent durant
la Révolution la propriété de ce bois, mais ils ne réussirent pas dans leur demande.

cher les pâtis de Cocherel ne datait que de l'arrêt du 8 juin 1768, en fait, une partie de ces pâtis avait été défrichée avant la déclaration du roi ; l'abbé Tronchet y avait en 1765, 1766 et 1767 perçu la dîme sans opposition, mais, après l'arrêt de 1768, ses paroissiens invoquant la décision du 13 août 1766 prétendirent leurs pâtis exempts de toute dîme ; le curé en fit poursuivre et condamner quelques-uns tant devant le juge de Cocherel que devant le bailliage de La Ferté-sous-Jouarre. Il fit confirmer ces condamnations par un arrêt du parlement de Paris du 3 juillet 1769, confirmé lui-même sur l'opposition du syndic de Cocherel par un autre arrêt du 18 août suivant. En présence de ces décisions le syndic Jean Trouet provoqua le 4 mars 1770 une assemblée de paroisse et proposa de reconnaître le droit du curé ; vingt-trois habitants seulement adhérèrent à cette proposition. Il ne paraît pas que leur délibération ait été homologuée, et que le curé ait joui de la dîme sur les pâtis.

Indépendamment de leurs droits sur les pâtis, les habitants de Cocherel prétendirent droit de pâturage dans les bois du fief de L'Etancourt au seigneur duquel ils payaient en effet une redevance de trois setiers d'avoine par an. En 1748 une sentence de la maîtrise des eaux et forêts de Crécy-en-Brie consacra cette prétention. Léchassier de Méry interjeta appel et il semble que l'issue de ce débat ne fut pas favorable aux habitants de Cocherel.

Auparavant en 1706 Sénicourt, fermier de la ferme du Vivier, leur avait contesté la faculté de faire pâturer leurs bestiaux sur toute l'étendue de la paroisse et avait voulu les cantonner. Plusieurs assemblées furent tenues à ce sujet et cette fois les habitants eurent gain de cause (1).

§ VIII. — RÉGIME MUNICIPAL

En 1787, conformément au réglement royal du 8 juillet, Charles Liégeois, Jean Trouet et Christophe Grandin furent élus pour composer, avec le curé et le seigneur membres de droit, le conseil de

(1) Voir notamment assemblée du 26 juillet 1706 ; y ont pris part François Grandin, syndic perpétuel, Philippe Grandin, Etienne et Nicolas Duval.
La famille Grandin qui a donné trois maires à Cocherel et date de plusieurs siècles : en 1663 Jean Grandin était conseiller du roi, lieutenant criminel en l'élection de Crépy et bailli de La Trousse. En cette même année, le marquis de La Trousse faisait à cette famille l'honneur d'être le parrain d'un fils, de François Grandin et de Marie Véreux (14 novembre).

Cocherel ; Etienne Parizy était syndic (1). De même furent élus à Crépoil Jean-Baptiste Champion, Louis Mugu et Jean-Baptiste Lucy.

En 1789, Cocherel députa Charles Liégeois et Jean Trouel, Crépoil, Pierre Draps et Louis Mathieu, à l'assemblée qui, le 9 mars, élut comme membres des Etats-Généraux pour le bailliage de Meaux Houdet et Desécoutes.

Et bientôt en vertu de la loi du 22 décembre 1789, Formé fut élu maire de Cocherel avec Grandin et Monnoury fils pour officiers municipaux et Pierre Draps fut élu maire de Crépoil. Franchissant une lacune que je n'ai pas pu combler, je trouve dans notre siècle à Cocherel les maires et adjoints suivants :

MAIRES :	ADJOINTS :
1801-1813. Louis Doyen.	
1813-1820. Jean-Baptiste Liégeois.	1813-1820. Jean-Louis Parizy.
1820-1835. Louis-Etienne-Marie Duval.	......-........ François-Théodore Mauclerc.
1835-1864. Jean-André Grandin.	1835-1848. Jean-Baptiste-André Liégeois.

1836. Établissement d'un nouveau cimetière.

1848-1865. Louis - François Liégeois.

1851. Classement du chemin vicinal de la Loge.
1852. Etablissement d'un lavoir public au lieudit la Vanche.
1855. Agrandissement de l'école communale.
1861. Agrandissement du presbytère.
id. Classement du chemin vicinal de Cocherel à Crépoil.

1864-1871. Louis-André Grandin, fils du précédent.	1865-1870. Benjamin Draps.

1868. Classement du chemin vicinal de Crépoil à Tancrou.

---

(1) Ont été syndics de Cocherel Louis Formé, maréchal, Julien Théodon, charron, Etienne Monnoury, marchand, plus tard Pierre Vol, maçon (1766-1767), Jean-Baptiste Viel (1767-1768).

1871-1876. M. Hippolyte Bé- clu.	1871-1876. Louis - François Liégeois.
1876-....... M. Louis - Théo - phile Grandin, fils de Louis- André et petit- fils de Jean-An- dré Grandin (en exercice).	1876-1887. M. Isidore Gres- sier.

1883. Création d'une école au hameau de Crépoil.

	1887·....... M. Alexandre Of- froy (en exer- cice).

1888. Projet de construction d'une école à Cocherel.
id. . Projet de réfection entière de l'école de Cocherel ou d'une construction nouvelle.

ACTE D'INFÉODATION (12 décembre 1682)

devant Garnot, notaire à Paris.

En la compagnie et présence de nous, conseillers du Roi, notaires et gardes notes de Sa Majesté, au châtelet de Paris, soussignés,

Messire François de Laval, chevalier, seigneur de L'Étancourt et de Montsoutin, lieutenant général de l'artillerie de France, demeurant ordinairement à Méry (Brie), étant de présent à Paris, s'est transporté en l'hôtel et par devant très-haut et très-puissant seigneur Frédéric-Charles de Roye et de Roucy, seigneur des terre, baronnie et chatellenie de La Ferté-au-Col et Chamigny et autres, où, étant et parlant à la personne dudit seigneur, comte de Roye, icelui seigneur de Laval lui a fait entendre qu'il lui était fort à charge d'être obligé solidairement avec plusieurs personnes, comme détenteur de partie de trois pièces d'héritage situées au terroir de Chamigny proche Cocberel, la première appelée la prise de la borne blanche contenant 7 arpents ou environ, la deuxième appelée la prise du barle contenant six vingts (120) arpents ou environ et la troisième appelée la prise de Durand Bachelier contenant 140 arpents 74 perches ou environ à la mesure de 20 pieds pour perche, aux redevances qui en sont dues par chacun un an au dit seigneur comte de Roye et qui consistent à l'égard des deux premières pièces en 30 sous 6 deniers de cens portant lods, vins, ventes, saisines, dessaisines, défauts et amendes quand le cas y échet, 7 livres 10 sous de rente foncière seigneuriale et 1 chapon de coutume, et consistant pour la dernière en 4 livres 2 sous de pareil cens, 9 livres 18 sous de rente et 2 chapons de coutume, personnellement par chacun sa part et portion à proportion de sa tenure et solidairement et hypothécairement pour le tout sauf recours (1).

(1) Le cens était fixé pour les deux premières pièces à 20 deniers par arpent et pour la dernière à 2 sous 3 deniers par arpent.
Les trois pièces dont il s'agit étaient au moment de l'acte (1682) partagées en 56 morceaux.

5

C'est pourquoi le dit sieur de Laval désirant se retirer, s'il était possible, de la dite solidarité, il a très humblement supplié et requis ledit seigneur comte de Roye, de le vouloir décharger du paiement des dites redevances seigneuriales pour l'avenir, et pour cet effet, de souffrir le rachat et amortissement qu'il offre de faire de ses deniers, et de le subroger en ses lieu et place pour recevoir et recouvrer des autres propriétaires du restant des dites trois pièces les portions dont chacun est tenu des dites redevances, et encore de lui abandonner, vendre et transporter la quantité de trois septiers d'avoine, mesure de La Ferté, et y rendus, que ledit seigneur comte de Roye a droit de prendre annuellement sur les habitants du village de Cocherel, pour la permission à eux donnée de mener paître leurs bestiaux dans les terres et bois circonvoisins dudit terroir de Chamigny dont les dites trois pièces font partie, suivant leur déclaration portant reconnaissance, fournie au papier terrier dudit Chamigny le 16 février 1680 ;

Et de lui ériger en fief sous le nom du fief de L'Étancourt les héritages qu'il possède dessus les trois pièces avec le reste des dits cens, rentes et coutumes que lui devront les propriétaires d'icelles, avec encore les trois septiers d'avoine et lui accorder tous droits de justice, haute, moyenne et basse dans l'étendue dudit fief, à telles conditions qu'il plaira au dit seigneur comte de Roye.

Lequel seigneur comte de Roye inclinant au dit réquisitoire pour l'affection que défunt Monseigneur le maréchal de Turenne a toujours eue pour mon dit sieur de Laval qui a servi plusieurs années sous lui, commandant l'artillerie de France, et pour l'affection qu'il lui porte, l'a volontairement, par ces présentes, quitté et déchargé pour l'avenir seulement des dits cens, rentes et coutumes qu'il avait droit de prendre et percevoir annuellement sur les dites pièces, moyennant la somme de 1618 livres que le seigneur de Laval a payée au comte de Roye.

Et de plus a été convenu que les héritages que le sieur de Laval possède sur les trois pièces et ceux que lui, ses successeurs et ayant cause pourront acquérir, avec les cens, rentes et coutumes qui seront dus au seigneur de Laval par les propriétaires restant des dites trois pièces et les dits trois septiers d'avoine percevables sur les habitants de Cocherel composeront un fief qui sera appelé le fief de L'Étancourt, comme de fait par ces présentes ledit seigneur comte de Roye les y érige, à la charge que ledit fief sera mouvant et relevant de la baronnie de Chamigny aux droits et devoirs portés

par la coutume et sur lequel fief ledit seigneur de Laval aura droit
de justice, haute, moyenne et basse avec droit de chasse et les autres
droits annexes et dépendant de la haute justice, de même que ledit
sieur comte de Roye les possède aujourd'hui; laquelle justice sera
composée d'un maire, d'un procureur fiscal et d'un greffier et res-
sortira par appel au bailliage de La Ferté et seigneurie de Chamigny, par devant les officiers duquel lieu ils seront tenus de com-
paroir en leurs assises et grands jours annuellement pour y répondre, de même que les autres juges inférieurs dudit bailliage
et sous les mêmes peines en cas qu'ils fussent défaut, et pour cet
effet a ledit sieur comte de Roye subrogé ledit sieur de Laval en
tous ses droits de cens, rentes et coutumes desquels ledit sieur de
Laval, ses hoirs, ayant cause, ne pourront souffrir le rachat.

Duquel amortissement et érection de fief le sieur de Laval a très
humblement remercié le seigneur comte de Roye envers lequel il
a fait le devoir de vassal et a été reçu par ces présentes à foi et
hommage, sans autre plus grande dépense, pour cette fois, en considération de la finance qu'il a ci-dessus comptée au seigneur comte
de Roye, lequel donne ordre à ses officiers du bailliage de La Ferté-
au-Col et Chamigny d'enregistrer ces présentes et de faire jouir le
sieur de Laval du contenu en icelles.

CHAPITRE III

TANCROU (TANCRETUM)

§ Ier. — NOTIONS GÉNÉRALES

Le territoire de la commune actuelle de Tancrou n'est pas le même que celui de l'ancienne paroisse de ce nom. Celle-ci comprenait au midi le hameau de Chivres et une enclave dite de la ferme de Cuissy. Une ordonnance royale du 22 mars 1835 a réuni à Jaignes le hameau et l'enclave, et rattaché à Tancrou, outre une portion du territoire de Jaignes (le clos Berthelot ou les Marmitières), le hameau des Essarts et la ferme de La Forest, qui avaient jusque-là fait partie de la commune des Essarts-Grandchamp supprimée par la même ordonnance. Bref, la paroisse de Tancrou comprenait, en 1782, 1.820 arpents, 76 perches (dont 193 arpents, 60 perches pour Chivres), et la commune contient aujourd'hui 1.221 hectares.

Ce territoire s'allonge sur environ 7 kilomètres depuis la Marne, qu'il traverse même pour quelques hectares, appelés le canton d'Asnières, à l'ouest, jusqu'au territoire de Chamigny, à l'est ; ses limites sont au midi le territoire de Jaignes, et au nord, ceux de Mary, d'Ocquerre et de Cocherel. Il renferme les hameaux de Ruthel, Villemeneux, Montsoutin, Les Essarts, La Forest (1).

Ce même territoire est traversé par trois chemins de grande

---

(1) Plus anciennement encore, la paroisse de Tancrou comprenait même le hameau de Grandchamp ; ce hameau en fut désuni en 1735, comme on le verra plus loin.

La possession du canton d'Asnières sur la rive gauche de la Marne fit l'objet d'un débat en 1790, entre la commune de Tancrou et celle d'Armentières et Isles. Celle-ci avait compris le canton d'Asnières tout entier dans son cadastre ou état de section ; Tancrou réclama et produisit une enquête faite en 1502 au sujet d'une semblable contestation. De ce document il résultait que le hameau d'Asnières dépendait partie de Tancrou et partie d'Isles ; que ces deux parties étaient séparées par un chemin vert appelé la ruelle d'Asnières ; que déjà, en 1502, il n'y avait plus d'habitation sur la portion de Tancrou, mais que le curé de cette paroisse y avait toujours perçu la dîme, non comme desservant la chapelle d'Asnières, mais comme sur une dépendance de Tancrou. Le directoire du département de Seine-et-Marne décida (7 avril 1791) la question en faveur de Tancrou qui a conservé depuis la possession du terrain litigieux.

communication : de Lizy à La Ferté-sous-Jouarre, de La Ferté-sous-Jouarre à Cocherel et de Changis à Chamigny. Plusieurs chemins vicinaux ordinaires complètent la vicinalité communale.

Durant plusieurs siècles et jusque dans le cours du nôtre, un bac sur la Marne mettait en communication le village de Tancrou avec le canton d'Asnières, et au-delà, avec Meaux. En 1569, les habitants de Tancrou en cédèrent la propriété au seigneur de La Ferté, sous la condition qu'ils seraient exempts pour eux et leurs bestiaux des droits de passage et qu'ils seraient dispensés de comparaître aux plaids généraux.

Ce bac a disparu et le canton d'Asnières n'est accessible que par un long détour.

L'altitude, qui est de 50 mètres environ au bord de la Marne, atteint 124 mètres à Villemeneux et 177 mètres près de Montsoutin.

Il existe un seul cours d'eau superficiel, la Marne, avec quelques rus ou ruisseaux insignifiants ; la carte hydraulique de M. Delesse indique plusieurs cours d'eau souterrains.

La population était, en 1836, de 420 habitants ; en 1872, de 348 ; elle est aujourd'hui, d'après le recensement de 1886, de 346 habitants dont 169 au chef-lieu et 177 dans les hameaux.

La paroisse de Tancrou dépendait de la généralité de Paris, du bailliage et de l'élection de Meaux, elle était du doyenné de Gandelu.

La tradition rapporte qu'il a existé auprès de l'église un couvent appelé le Grand-Manoir qui aurait été détruit lors des guerres de la Ligue. On aurait trouvé en ce lieu, à une époque assez récente, des tombes de religieux, assure-t-on. Cependant aucun document à notre connaissance ne fait mention de ce couvent.

M. Pascal (Histoire du département de Seine-et-Marne) énonce que l'ancien château, placé à l'extrémité orientale du village, n'est plus qu'une ferme nommée aujourd'hui La Vallière. Il est douteux qu'il y ait eu, si ce n'est peut-être avant le xiiie siècle, un château seigneurial à Tancrou, dont la seigneurie appartenait au prieuré de Saint-Fiacre depuis le commencement au moins du xive siècle, et d'autre part le fief de Vallière dont il est question ne paraît pas avoir jamais compris un château féodal. La maison bourgeoise qui existe a été construite de toutes pièces dans le cours du xviiie siècle.

Il se trouve à Tancrou trois habitations qui, dans la large acceptation donnée aujourd'hui à ce mot, reçoivent parfois le nom de château : l'une, au lieu même du fief de Vallière, occupée par M. Pochet ; une autre, sur le coteau de la Marne, appartenant à M. le baron de Grandmaison, et une troisième, sur le bord même de la Marne, appartenant à M⁻ᵉ Ernest Chaudé, née Vavasseur-Desperriers. Nous en dirons l'origine plus loin.

Le *Gallia Christiana* (tome VIII) nous apprend que Tancrou a fourni à l'abbaye Saint-Faron, de Meaux, un abbé du nom de Relicus (1269).

Il a aussi fourni trois doyens de la cathédrale de Senlis, Jean Vigoureux, l'aîné, qui mourut le 15 avril 1534, Nicolas Vigoureux, son frère, qui mourut le 3 novembre 1587, et Jean Vigoureue, le jeune, leur neveu, décédé le 4 mai 1613. Une inscription a été placée, en leur honneur, à l'entrée de la petite porte de la cathédrale de Senlis.

Le seigneur de Chamigny et La Ferté-au-Col (La Ferté-sous-Jouarre) avait la haute justice à Tancrou, et à ce titre, il établissait par l'intermédiaire de son tabellion à La Ferté-sous-Jouarre un notaire ès-branches de Jaignes et Tancrou, mais ce notaire ne pouvait instrumenter ni à Ruthel, ni à Villemeneux, dont la haute justice appartenait au prieuré de Grandchamp.

Tancrou s'élève en amphithéâtre sur la rive droite de la Marne dans une situation charmante ; le clocher de son église émergeant des bois et des bosquets qui l'environnent, les maisons du bord de la rivière et les îles qu'elle forme, méritent de tenter et ont souvent tenté le pinceau des peintres.

§ II. — SEIGNEURIE. — FIEFS ET BIENS DE MAINMORTE

I. — SEIGNEURIE

A. — La seigneurie de Tancrou a appartenu jusqu'en 1774 au prieuré de Bénédictins établi au village de Saint-Fiacre, en Brie, connu sous le nom de prieuré de Saint-Fiacre et dépendant de l'abbaye de Saint-Faron, de Meaux. Ce couvent a dû sa fondation à un Irlandais de haute naissance, appelé chez nous Fiacre, qui se retira en ce lieu au VIIᵉ siècle (1) ; il a tenu sa seigneurie de Tancrou, suivant toute vraisemblance, d'Adam de la Cloche, abbé de Saint-Faron (1313).

A cette seigneurie étaient attachés les droits suivants :

(1) Voir *Histoire de Saint-Fiacre et de son monastère*, par Ansart, Paris, 1781.

Cens, à raison de 4 deniers par arpent;

Justice, moyenne et basse, relevant du seigneur de Chamigny et de La Ferté-au-Col, droit de mouvance sur la haute justice. (Cette haute justice appartenait au seigneur de La Ferté-au-Col qui, par une bizarrerie assez fréquente sous l'ancien régime, la relevait du prieuré de Saint-Fiacre lui-même et lui en devait hommage comme le prieuré lui devait hommage de la moyenne et basse justice) (1).

Droit de lods et ventes rentes seigneuriales et divers droits honorifiques.

En d'autres termes les Bénédictins de Saint-Fiacre étaient seigneurs censiers, moyens et bas justiciers, domaniaux et suzerains, dans l'étendue du lieu de Tancrou : le seigneur de Chamigny et La Ferté, en sa qualité de haut justicier de Tancrou, dut leur reconnaître ces titres qu'il avait contestés et leur payer 3.000 livres par transaction du 10 septembre 1735 (2).

Le siège de la seigneurie, la maison seigneuriale, était jusque vers le xvii° siècle une ferme située au haut de la grande rue de Tancrou, déjà en ruine en 1644 (3) ; elle fut remplacée par une autre ferme située sur le bord de la Marne, existant encore aujourd'hui.

Le 29 juillet 1774 (Baron, notaire à Paris), l'abbaye de Saint-Faron de Meaux à laquelle un édit royal de la même année avait réuni le prieuré, vendit sa seigneurie de Tancrou au comte et à la comtesse d'Harville, moyennant 600 livres de rente perpétuelle. Cette vente ne comprenait toutefois que les cens et droits seigneuriaux et nullement le domaine utile, c'est-à-dire les terres et autres biens fonciers ; l'abbaye se les réserva.

(1) La mouvance de ce droit de haute justice avait été revendiquée par les évêques de Meaux, Dominique de Ligny et Bossuet, qui avaient même perçu durant un temps les profits qui y étaient attachés.

Il existait à Tancrou une place plantée d'ormes dite la Place-aux-Plaids. C'était là que, suivant toute apparence, se rendait primitivement la justice.

(2) Bois, notaire à Paris. Il est dit en cet acte que la haute justice de Mary appartenait également au seigneur de La Ferté et qu'il la relevait aussi des Bénédictins de Saint-Fiacre.

On a prétendu, non sans raison, que les moines de Saint-Fiacre percevaient un péage sur les marchandises qui traversaient la partie de la Marne située en leur seigneurie ; mais qu'ils eussent recours au canon pour se faire payer, comme on l'a prétendu aussi, personne n'en croira rien.

Ils ont eu sur la Marne un moulin banal, détruit longtemps avant le xviii° siècle.

(3) Elle contenait 6 arpents 45 perches et tenait à la grande rue et à la ruelle Montcouvert.

Dès le 11 décembre 1774, un huissier de Lizy se transportait à l'heure de la sortie des Vespres au-devant de la grande porte principale de l'église de Tancrou et baillait aux habitants copie de l'acte de vente, « afin qu'ils eussent à reconnaître les comte et comtesse d'Harville pour seigneurs et qu'ils eussent à leur porter honneur, respect, soumission et généralement tous les devoirs qui leur étaient dus en cette qualité, et à leur payer le cens et les redevances seigneuriales et accoutumées, leur déclarant que désormais les nouveaux seigneurs constituaient pour juge de Tancrou Robert, avocat en parlement, lieutenant de leur bailliage de La Trousse, au lieu de Sandrin qui demeurait à Meaux. »

La nuit du 4 août 1789 anéantit la seigneurie de Tancrou comme toutes les autres. Les 600 livres de rente que le comte et la comtesse d'Harville devaient aux Bénédictins, revendiquées par la nation comme faisant partie des biens de ces derniers, furent transférées aux hospices de Fontainebleau (11 nivôse an XI). En vain le comte et la comtesse d'Harville alléguèrent que cette rente devait être éteinte comme les droits seigneuriaux dont elle était le prix ; un jugement du tribunal de Meaux, du 28 mars 1810, et un arrêt de la Cour de Paris, du 7 décembre suivant, rejetèrent cette prétention et la rente dut être servie et remboursée aux hospices civils de Fontainebleau (8 février 1823, Lemoine, notaire à Fontainebleau).

A l'égard du domaine du prieuré de Saint-Fiacre sur Tancrou, qui consistait en une ferme et 138 arpents de terre, il fut vendu comme bien national, le 12 décembre 1790, à Salmon de Paris. Il passa bientôt à Claude Prosper Vavasseur-Desperriers, ancien procureur au châtelet de Paris. Il est resté dans sa descendance et appartient aujourd'hui à Mme Ernest Chaudé, née Vavasseur-Desperriers.

B. — La seigneurie de Ruthel, de Villemeneux, des Essarts, appartenait comme celle de Grandchamp et de Torchamp au prieuré de Grandchamp situé auprès de ces hameaux ; il a été publié sur ce couvent, par M. Bonno, curé d'Etrépilly, une notice particulière à laquelle il est référé.

§ II. — FIEFS

Il existait de nombreux fiefs sur la paroisse de Tancrou. Nous mentionnerons les principaux.

A. — Fief de Vallière

Le fief de Vallière situé au point de Tancrou où s'élèvent aujourd'hui la ferme et l'habitation particulière de ce nom, appartenait en 1601 à Nicolas de la Haye, seigneur de Fontaine, comte de Vallière. Il ne tarda pas à passer entre les mains de la famille de Bragelongne, déjà propriétaire du fief de la Cloche, limitrophe de celui de Vallière et il n'en fut plus séparé (31 juillet 1707 Gréban notaire à Lizy). Grâce à son importance et à l'habitation qu'y fit construire le dernier des Bragelongne, le nom du fief de Vallière a effacé le nom du fief voisin (1).

B. — Fief de la Cloche

Le fief de la Cloche appelé aussi de Hautefeuille et quelquefois de Hauteville et du Chep, dont la contenance et les droits ont donné lieu à de nombreux débats inutiles à rappeler, consistait seulement en 8 arpents de biens nobles, comprenant maison ou ferme, cour et jardin attenant au fief de Vallière. Il en dépendait 140 à 150 arpents de roture sur Tancrou, lesquels pour la plus forte partie du moins étaient au xvi° siècle entre les mains de roturiers tels que Claude et Charles Maillard (1537), Jean Robert de Lizy, les héritiers de Jean Vigreux et Philippote Bachelier (1550). En 1599, 1600 et 1601 Jacques de Bragelongne, maître ordinaire des comptes, devint propriétaire de ces terres et de la moitié du fief (2).

Ces biens arrivèrent à François Lefèvre, seigneur de Guiber-

(1) Le parc avait été créé auparavant, il y existe des arbres de plus de deux cents ans.

(2) Cette famille de Bragelongne était fort ancienne et n'a pas été sans illustration. Adam de Bragelongne, seigneur de Jouy, gouvernait en 1405 les finances d'Isabeau de Bavière et du Dauphin; Martin de Bragelongne fut prévôt des marchands de Paris en 1558. De lui sortirent plusieurs branches : Jacques de Bragelongne qui fit foi et hommage à Diane de Vivonne en 1600, était le sixième de ses fils. Il fut maître ordinaire des comptes et mourut en 1613. Catherine, une de ses filles épousa Antoine Lefèvre, sieur de Guibermesnil, trésorier de France à Amiens, père de François Lefèvre sur lequel fut vendu le fief de la Cloche.

Jérome de Bragelongne, petit-fils de Jacques, fut conseiller au parlement de Metz, puis à la Cour des aides de Paris, où son père, du même prénom, avait été doyen. Il mourut en 1608 à l'âge de 75 ans. Il eut pour fils François, seigneur de Hautefeuille, dont la fille Marie-Jeanne-Françoise épousa en premières noces Charles de Bragelongne, colonel de dragons, et en deuxièmes noces, Charles Lemaître, seigneur d'Arnouville, lieutenant général de l'artillerie. Du premier mariage était issu Geoffroy Dominique-Charles de Bragelongne, vicaire général de Beauvais, qui fut le dernier propriétaire de ce nom des fiefs de la Cloche et de Vallière.

mesnil et à Catherine de Bragelongne, veuve de Messire Antoine Lefèvre sur lesquels ils furent adjugés par suite de saisie réelle le 18 mars 1682 à Jérome de Bragelongne, conseiller à la Cour des aides de Paris ; ils restèrent durant plusieurs générations dans sa famille et le 5 novembre 1780 Geoffroy-Dominique-Charles de Bragelongne, doyen et vicaire général de Beauvais, abbé de l'abbaye royale de Longay, faisait foi et hommage de la moitié lui appartenant dans le fief de la Cloche à Louis de La Rochefoucauld, marquis de Roye, seigneur de La Ferté au Col et Chamigny, haut justicier de Tancrou.

A l'égard de l'autre moitié de la seigneurie, elle appartenait au seigneur de La Trousse qui n'avait du reste rien conservé du domaine utile. A ce fief était attachée une rente de 30 setiers de blé, 15 setiers d'avoine, 2 setiers de pois, plus 14 livres 12 sous de cens portant lods et ventes.

Charles de Bragelongne vendit à Louis Veillet, receveur des tailles à Meaux, son fief de la Cloche et celui de Vallière, consistant ensemble en maison bourgeoise, parc et bois, ferme et 380 arpents de terre (mesure de 18 pieds 4 pouces ou 134 hectares 74 ares), plus 16 livres de rente en argent, moyennant 50,000 livres en deniers et à la charge d'acquitter diverses rentes (17 mars 1762).

A la mort de Louis Veillet (1782) les mêmes fiefs furent adjugés à Etienne Bernier, laboureur à Echampeu (sentence du bailliage de Meaux, 26 août 1782), moyennant 100,100 livres sous les mêmes charges (1).

Les fiefs furent abolis en 1789. Le domaine d'Etienne Bernier passa à ses descendants, roturiers comme lui, puis à Labouré père (1823), à Labouré fils (1827), à Bourgeois, banquier à Châlons-sur-Marne (1839). Il est depuis 1860, entre les mains de M. Charles Pochet, ancien entrepreneur de travaux publics.

(1) Il était dû sur cette acquisition pour lods et ventes à Mme d'Harville, dame censière de Tancrou, la somme de 7,202 livres 8 sous 7 deniers, qu'elle paraît voir réduite gracieusement à 5,469 livres 6 sous 6 deniers. Il était dû en outre au sol un pour cent du prix. Ces droits sont plus élevés que ceux d'aujourd'hui qui le ont trop. Du moins les droits fiscaux d'aujourd'hui profitent à l'Etat et non à un particulier.

A la suite du présent chapitre est reproduit l'acte de foi et hommage par Etienne Bernier à son suzerain le duc de Larochefoucauld.

Voir sur la famille Bernier la notice sur May-en-Multien.

Une descendante d'Etienne Bernier, Mme Etiennette Bernier, sœur Saint-Benoît, est aujourd'hui abbesse de la célèbre abbaye de Jouarre. L'auteur de la présente notice est aussi un descendant d'Etienne Bernier.

G. — FIEF DE BILLOUARD ET DE GRANDMAISON

Le siège de ce fief était auprès de l'église ; c'était en 1679 « un hôtel, grange, bergerie, étable, cour, jardin enclos de murs contenant un arpent et demi, avec 2 arpents 1/2 de terre et montagne à pierres, et 66 perches de terre derrière le jardin, le tout tenant d'un côté vers la rivière au chemin conduisant de Tancrou à Mary et aboutissant par devant à l'église et à la maison presbytérale de Tancrou ».

Le fief ne comprenait que 20 arpents de terre noble sur 82 arpents, le reste était de roture. Il était en 1633 indivis entre Joachim de Soudras, le sieur d'Hardivilliers et Jean Regnault, avocat en Parlement, membre de l'élection de Meaux, du chef de Louise Gillet, sa femme (1).

Nicolas Regnault, receveur de la terre et seigneurie de Jaignes, un des enfants de Jean et de Louise Gillet, en fit foi et hommage le 12 avril 1670 (Gérard, notaire à Jaignes) à François de Roye de la Rochefoucaud, comte de Roucy, seigneur châtelain de Chamigny et de La Ferté-sous-Jouarre, dont relevait le fief de Billouard encore indivis alors, avec les représentants Soudras et la dame Courtois.

La famille Regnault ne tarda pas à devenir seule propriétaire de ce fief dont le nom fut, suivant l'usage, uni au sien.

Il est resté dans la descendance mâle des Regnault de Grandmaison, et lorsque dans la première moitié du xviii° siècle Alexandre Regnault de Grandmaison ne laissa qu'une fille, Marie-Elisabeth, qui épousa Louis Turquet, négociant à Senlis, celle-ci le conserva et le transmit à Marie-Elisabeth Turquet, sa fille, épouse de Jean-Baptiste-Louis Desavenelle ou de Savenelle, d'où il passa médiatement à Jean-Baptiste-Louis de Savenelle de Grandmaison, conseiller maître en la chambre des Comptes, puis à Jean-Baptiste-Augustin de Savenelle, Baron de Grandmaison, lieutenant-colonel, au fils duquel (M. Fernand de Savenelle, Baron de Grandmaison) il appartient encore aujourd'hui.

(1) Celle-ci avait hérité ces biens d'Alexandre Gillet, son père, qui les avait acquis de Messire Philippe et Maître Jean Garet, suivant contrat passé devant Maître Charles, notaire à Paris, le 17 juillet 1618.

L'ancien presbytère de la paroisse, réuni à l'hôtel seigneurial, a remplacé celui-ci, et s'est transformé en l'agréable maison de campagne dont il a été question plus haut (1).

D. — Fief de Tancrou

Les seigneurs de Gesvres étaient « seigneurs du fief de Tancrou » si on s'en rapporte à la déclaration que fit, en 1747, à leur terrier, la fabrique de la paroisse. Cette déclaration comprenait les maisons de l'école et du bedeau et divers autres bâtiments sans importance chargés de cens et rentes. C'étaient des biens de roture relevant d'un fief appartenant au duc de Gesvres, mais que nous ne saurions indiquer (2).

E. — Fief de Chivres

Le fief de Chivres situé sur le bord de la Marne au midi de Tancrou comprenait une ferme et des terres et prés dont la contenance en 1792 était de 85 arpents.

Il appartenait en 1623 aux enfants de Claude de Busserolles, en 1638 à François de Busserolles, en 1642 à Marguerite de Busserolles, femme de Jean Gallois, et rapportait alors 600 livres.

Il devint, à une époque antérieure à 1690, la propriété de la paroisse Saint-Remy, de Neuilly-St-Front (Aisne), qui le conserva jusqu'à la Révolution.

A ce moment la ferme et les 85 arpents de terre et pré, devenus biens nationaux, furent vendus à Jacques-François-Marie Robert, laboureur et négociant à Lizy.

Il a passé depuis à Roger, de La Ferté-sous-Jouarre, et appartient aujourd'hui aux enfants de M. Alexandre Carré, qui a été entrepreneur de travaux publics à Lizy.

(1) La famille de Grandmaison est aussi propriétaire depuis bientôt trois siècles d'une ferme à Tancrou, en haut du village, appelée ferme de Montcouvert aux terres de laquelle ont été réunies celles du fief de Grandmaison. Un des membres de la famille a porté le nom de sieur de Montcouvert.

La famille de Savenelle est une très ancienne famille du Valois. Un de ses membres, prévôt de Crépy, est mentionné dans le testament de Robert de Sépois, seigneur de Crouy qui lui a légué un souvenir (1586).

(2) Archives de Seine-et-Marne, G. 362. Dès le xive siècle Etienne Braeque et Jeanne Lemire sa femme, seigneurs de Tresmes appelé depuis Gesvres, percevaient à Tancrou 1 livre 4 sous de cens, 12 chapons évalués 2 sous tournois la pièce, fouaces évaluées 8 deniers (1 sou et demi chacun), 10 setiers d'avoine évalués sous le setier, 2 setiers de blé évalués 7 sous 6 deniers le setier; ils possédaient en outre à Tancrou 32 arpents de terre évalués d'un revenu de deux sous par arpent, et à Ruthel six arpents évalués d'un revenu de 5 sous par arpent.

Il existait à Chivres une chapelle dont nous parlerons plus loin. Il dépendait aussi du même fief un bois sur la paroisse de Changis, qui a été vendu nationalement.

F. — Fief de Bogues

Ce fief situé au hameau de Montsoutin a tiré son nom d'un Jean de Bogues, gentilhomme écossais, exempt des gardes du roi, qui s'y était établi vers 1575. Jean de Bogues en avait obtenu l'érection en sa faveur le 2 mars 1605, de Claude Durantôt, prieur laïque de Grandchamp, en raison des services par lui rendus au monastère durant les guerres. Il avait épousé Marie Darcry, fille du seigneur de Cocherel (1). Le fief de Bogues était, en 1644, entre les mains de François de Bogues, qui le vendit le 27 mars 1647, à Messire Louis de Questard, seigneur de la Guette (Rillard, notaire à Paris). Celui-ci le revendit, le 1er octobre 1653, moyennant 23,400 livres, à François de Laval, écuyer, sieur de L'Étancourt, lieutenant général de l'artillerie. (Lecat, notaire à Paris).

Ce fief comprenait alors une maison ou château formant la résidence du seigneur, chapelle en cette maison, corps de ferme, jardin, 140 arpents de terre tant en fief qu'en roture, et 10 arpents en un bois appelé le bois de la Fesse.

Au fief étaient attachés les droits de cens et surcens, de lods et ventes, et celui de moyenne et basse justice que le prieur de Grandchamp avait concédé moyennant une redevance annuelle de deux perdrix.

A la mort de François de Laval de L'Étancourt, il passa à Armand-Jules de Laval, aussi lieutenant de l'artillerie, qui était également seigneur de La Forest (voir ci-après) et du Montcel, paroisse de Saint-Aulde où il résidait.

Mais bientôt Armand-Jules de Laval dut faire cession de ses biens à ses créanciers, qui, unis en direction, firent mettre à l'encan la terre et seigneurie de Bogues (1705). En 1757, elle appartenait indivisément pour moitié, à Pierre Vassou du Montcel, avocat au Parlement de Paris, pour un quart, à Marie Louise de Laval de L'Étancourt, et pour le dernier quart aux enfants de Marie-Anne-Charlotte de Laval du L'Étancourt, décédée veuve de

(1) Il maria sa fille Marie à Victor de La Motte, écuyer, lui donna en dot 6,000 livres et lui assura pour elle, son mari et deux domestiques, durant deux ans, logement et nourriture à Bogues, moyennant 150 livres par an. (Guyot, notaire à Lizy, 22 janvier 1615).

Jean-Rolland Gautier. Louis Veillet, receveur des tailles à Meaux
(1764), et après lui, Louis Dulieux, boulanger à Meaux, succédèrent à Marie-Louise de Laval et aux enfants Gautier, tandis que
la part de Pierre Vassou passait à Robert de Gaullier et bientôt à
Dulieux lui-même (1). Après plusieurs transmissions (veuve Lemaître, née Dulieux, François-Philippe Thierry, Louis-Fran-
çois-Marie Legros, Victoire-Pauline Campana, sa veuve, Victor
Gautier), le domaine et ferme de Bogues composé de 75 hectares
est arrivé (1864) aux mains de M. le marquis de Raincourt ; il
appartient aujourd'hui à ses enfants.

G. — Fief de la Forest

Ce fief était situé sur l'ancienne commune des Essarts. Il consistait en maison seigneuriale et ferme, 100 à 110 arpents de terre,
7 arpents de bois, avec la haute, moyenne et basse justice, et appartenait au xvie siècle à l'évêque de Meaux, qui, pour payer les
subventions dues au roi, le vendit au sieur de La Trousse, moyennant 800 livres, en se réservant la mouvance.

En vertu de la loi qui autorisait les seigneurs ecclésiastiques à
rentrer dans les biens par eux aliénés pour subventions, à la seule
charge de rembourser le prix de l'aliénation, Bossuet, évêque de
Meaux, déclara en 1703 vouloir reprendre le fief de La Forest,
ainsi que le fief de La Bordette, paroisse de Saint-Aulde, vendu à
la même époque ; mais, soit abandon de cette demande, soit transaction, le fief de La Forest resta à la maison de La Trousse, ainsi
que le reconnaissait en 1711 le cardinal de Bissy, successeur de
Bossuet. (Melun, G. 25 et Archives nationales, R. ', 9 cote 12).

Marguerite Delafond, veuve de Philippe-Auguste Le Hardy,
marquise de La Trousse, avait vendu son fief en 1694, moyennant
200 livres de rentes perpétuelle à Armand-Jules de Laval, seigneur
de L'Étancourt et de Bogues, que nous avons vu plus haut (Gréban,
notaire à Lizy, 24 juin 1694) ; mais à défaut par celui-ci de rem-
plir ses engagements, la dame de La Trousse en avait repris la
propriété et possession.

Les marquis de La Trousse le conservèrent jusqu'au moment
de la vente du marquisat lui-même dans laquelle il fut compris.

(1) 12 juillet 1764, devant Raince, notaire à Paris, vente à Louis Veillet,
moyennant 12,366 livres ; 26 août 1782, sentence d'adjudication au bailliage de
Meaux, au profit de Louis Dulieux.
Le roturier Dulieux paya 225 livres pour le droit de franc fief, c'est-à-dire pour
l'autorisation de posséder une terre noble.

La ferme de La Forest a passé depuis à une famille Offroy, qui la possède encore aujourd'hui.

H. — Fiéfs du Languedoc, des Savartset de La Rochefoucauld

Le seigneur de Chamigny et de La Ferté-sous-Jouarre possédait sur Tancrou un fief dit du Languedoc, comprenant 18 arpents 97 perches, un autre dit des Savarts, comprenant 15 arpents 65 perches et un troisième, dit de La Rochefoucauld, contenant 71 arpents 95 perches, au total 107 arpents 79 perches de terres nobles.

Le duc Louis-Alexandre de La Rochefoucauld de La Roche-Guyon, ci-devant brigadier des armées du roi, colonel du régiment de la Sarre, membre de l'Académie des sciences, ami de Franklin et de La Fayette, était propriétaire de ces biens au moment de la Révolution. Député pour la noblesse aux États-généraux, cet esprit sagement libéral ne put s'associer à toutes les mesures votées alors et fut massacré par la populace à Gisors ; ses biens furent confisqués ; par le partage fait entre la République et la veuve du duc, celle-ci devint propriétaire des terres de Tancrou. Elles appartiennent aujourd'hui aux enfants de M. Prosper Vavasseur-Desperriers.

I. — Fief des Essarts-l'Évêque

Indépendamment du fief de La Forest, l'évêque de Meaux possédait la seigneurie de l'ancienne paroisse des Essarts, appelée par suite les Essarts-l'Évêque. En 1402, cette seigneurie s'étendait sur 267 arpents de terre et pré, avec un hôtel ou ferme en ruine appelé les Quatorze-Hostises. L'évêque y jouissait du droit de haute, moyenne et basse justice, et des autres droits seigneuriaux.

Malgré diverses acquisitions et adjonctions faites au commencement du XVIe siècle, le revenu, en 1559, ne dépassait pas 200 livres par an. De fréquents débats s'élevaient entre l'évêque et le prieur de Grandchamp sur la fixation de leurs limites et sur l'exercice de leurs droits seigneuriaux. Pour y mettre fin, l'évêque de Meaux (Louis de Brézé) céda en 1577, sa seigneurie des Essarts au prieuré de Grandchamp en échange du fief de la Bordette (paroisse de Saint-Aulde) et de la seigneurie de La Genevray, sous la réserve toutefois d'une rente perpétuelle de 18 setiers 5 boisseaux de grains par an.

C'est sur la seigneurie des Essarts qu'était située la ferme de la Colombette acquise par le prieur de Grandchamp, en 1559, de Jean Boucher ; cette ferme a été vendue en 1792 comme bien national, ainsi qu'on le verra plus loin.

Il s'y trouvait une autre ferme appelée des Vieilles-Loges, et un hameau appelé le Tronchet. On retrouve aussi au lieu dit la Femme-Morte, près Montsoutin, des vestiges de constructoin et on y ramasse des objets de l'âge de pierre.

J. — Fief et Prieuré de Grandchamp

Le prieuré de Grandchamp avait sur l'ancienne paroisse des Essarts-Grandchamp et sur Tancrou des possessions importantes ; il y comptait cinq fermes : l'une établie dans les bâtiments mêmes du prieuré ; une autre à Torchamp ; une troisième à Villemeneux, appelée la ferme de la Sacristie ; une quatrième auprès des Essarts, appelée la Colombette et une cinquième à Montsoutin. La contenance de ces fermes n'était pas de moins de 831 arpents (1).

III. — BIENS DE MAINMORTE

A la liste forcément incomplète des biens nobles du territoire de Tancrou, il convient d'ajouter les biens de mainmorte : les uns et les autres étaient soit de fait soit de droit hors de la circulation.

1° Le prieuré Saint-Pierre et Saint-Paul de Reuil, près La Ferté-sous-Jouarre, de l'ordre des Bénédictins, possédait sur Tancrou 14 arpents de terre et une grange.

2° La chapelle Sainte-Anne, fondée en l'église de Mary-sur-Marne, y était propriétaire de 8 arpents de terre.

3° Il appartenait au chapitre de l'église cathédrale de Meaux, à Ruthel, une ferme et 50 arpents de terre que lui avait légués, en 1340, pour la fondation de son obit, Simon, chanoine à Meaux. Ces biens relevaient du prieuré de Granchamp et le chapitre, en vertu d'une convention du 24 août 1342 devait fournir à celui-ci « homme vivant, mourant et confiscant » et à chaque mutation payer 6 livres (2).

(1) Il est renvoyé pour de plus amples détails à la Notice spéciale au prieuré de Grandchamp énoncée plus haut.

(2) Comme à chaque mutation de fief servant il était dû au seigneur suzerain des profits, et que pour les biens possédés par des communautés religieuses qui ne sont pas soumises à la mort naturelle, ces profits ne pouvaient se produire, les communautés devaient fournir au seigneur un homme les personnifiant et à la mort duquel le seigneur percevait ses droits. L'homme ainsi fourni personnifiait si bien la communauté qu'en cas de condamnation capitale subie par lui, le seigneur confisquait le fief.

4° La cure de Tancrou possédait 18 arpents 81 perches de terre, indépendamment de 4 arpents 87 perches indivis avec la fabrique qui possédait en outre 20 arpents de terre, une maison et 25 perches de clos ; la cure des Essarts-Grandchamp, 96 perches de pâtis ; la chapelle Sainte-Anne de Clivres, 23 arpents 45 perches de terre et 24 arpents de bois, au total 92 arpents 34 perches.

Mentionnons pour ordre les dîmes dont était grevée la presque totalité du terroir. Elles appartenaient pour partie au curé, qui en tirait en 1789, 673 livres, pour partie au prieuré Saint-Pierre-Saint-Paul de Reuil, près La Ferté-sous-Jouarre, qui en tirait à la même époque plus de 800 livres, outre 45 setiers de grains à payer au curé pour son gros ou portion congrue, pour une autre partie au prieuré de Grandchamp.

La dîme sur Tancrou même se percevait à la 13° gerbe.

L'indispensable grange dimeresse était à Tancrou située vis-à-vis la ferme des moines de Saint-Fiacre, au-dessus de celle de Vallière ; elle était pourvue de caves profondes encore existantes.

Les biens nobles sont rentrés par les lois de 1789 dans la masse des biens composant le territoire de la France, sans distinction, privilège ni prééminence ; quant aux biens ecclésiastiques, réunis au domaine national, ils ont été vendus à la requête de la Nation. Le tableau suivant rappelle les dates et les prix de la plupart de ces ventes :

Date	Contenance	Désignation des biens	Ancien propriétaire	Acquéreur	Prix
1790. 12 décembre.	132 a. 61 p.	de terre et une ferme à Tancrou.	Abbaye de St-Faron de Meaux	Salmon, à Paris.	40.000 l. » s.
1791. 14 décembre.	50 »	de terre et ferme à Ruthel.	Chapitre de Meaux.	Id.	33.000 » »
1792. 27 mars.	14 »	de terre et une grange à Tancrou	Prieuré de Reuil.	Id.	8.800 » »
» id.	8 »	de terre à Tancrou.	Chapelle Ste-Anne, à Mary.	Id.	4.800 » »
» 26 juin.	94 »	de terre.	Cure de Tancrou.	Lelong, Tremé, à Meaux.	9.960 » »
» 2 août.	2 » 70	de terre.	Id.	Salmon.	2.500 » »
» id.	311 »	de terre, ferme et maison seigneuriale de Grandchamp.	Prieuré de Grandchamp.	Chefdhôtel.	195.600 » »(¹)
» id.	135 »	de terre et ferme de la Colombelle	Id.	Vincent-Dufour.	65.100 » »
» id.	140 »	de terre et ferme à Torchamp,	Id.	Roumetin.	60.000 » »
	72 » 50	et ferme dite de la Sacristie, à Villemeneux.	Id.	Harrouard-Richemond.	40.600 » »(²)
1793. 31 janvier.	145 »	de terre et ferme à Montsoulin.	Id.	Lelong.	97.000 » »(³)
» 22 août.	85 »	et ferme de Chivres.	Par. St-Remy, Neuilly-St-...at Robert, à Lizy.	Vavasseur-Desperriers.	98.800 » »
» 2 novembre.	23 » 45	de terre	Abbaye de Saint-Faron.	Lelong.	6.000 » »
n. II. 13 novembre.	7 » 62	de terre et clos.	Chapelle Ste-Anne de Chivres.	Guilbert.	8.300 » »
» 3 prairial.	6 » 51	de terre.	Abbaye de Grandchamp.	»	5.775 » »
» 13 prairial.	96 »	de terre.	Prieuré de Grandchamp.	Lelong.	720 » »
» 5 messidor.	25 » 95	et 1 maison vis-à-vis le cimetière	Cure de Grandchamp.	Candon.	1.215 » »
» 26 id.	47 » 1/2	1/2 de terre.	Fabrique de Tancrou.	Id.	3.400 » »
» 5 thermidor.	1 » 25	Le Presbytère.	Id.	Id.	806 » »
» id.	1 »	Maison.	Id.	Santerre.	9.336 9
» 24 id.	29 »	Ecole.	Id.	Bernier (Ch.-Et.-Ant.).	3.860 »
» 9 frimaire.	5 »		Chapelle St-Etienne de Meaux	Salmon.	911 »
» 15 id.	8 » 50		Grandchamp.	Lelong.	450 »
» 16 id.	4 » 74		Chapelle de Chivres.	Ballot.	1.525 »
			Chapelle St-Etienne de Meaux	Id.	220 »
					5.755 4
					1.525 »
Total des contenances	**1.215 a. 00 p. 1/2**			**et des prix**	**635.888 l. 16 s.**

Plus il a été vendu le 24 floréal an VII le bois de Torchamp contenant 13 hectares, et le 24 fructidor suivant le bois de Grandchamp ou de Montsoulin contenant 18 hectares, ayant appartenu l'un et l'autre au prieuré de Grandchamp.

(¹) Cette ferme, après avoir appartenu à Tort de la Londe, de Bruxelles, aux frères Homberg, du Havre, à Fiché, de Paris, est devenue la propriété de M. Adolphe Fasquel, propriétaire à Jaignes. Elle appartient aujourd'hui à Mme Fournier, sa fille.

(²) La ferme de Torchamp a appartenu durant quelque temps à un Mancini Nivernais et est arrivée aux mains de M. Adolphe Fasquel. Elle appartient aujourd'hui à Mme Larangot, sa fille.

(³) Cette ferme, y compris le bois de Grandchamp ou Montsoulin, est devenue la propriété de M. Pierre-Nicolas Marjolin, chirurgien consultant du roi Louis-Philippe Ier, célèbre dans son art, auteur d'ouvrages estimés de médecine et de chirurgie. Elle appartient aujourd'hui à son fils, membre de l'Académie de médecine, connu pour son savoir et son dévouement aux œuvres charitables et philanthropiques.

§ III. — EGLISE

I. L'église de Tancrou dédiée à Saint-Donatien et Saint-Rogatien est un édifice à trois nefs du xvᵉ ou xviᵉ siècle (1). Elle est une des plus remarquables des environs.

Deux pierres conservées dans le dallage portent les inscriptions suivantes ; l'une : « Cy gist Denys Piolot, en son vivant prestre du diocèse de Langres et curé de Tancrou, lequel est décédé le 2ᵉ jour de septembre l'an 1671 après avoir fait une fondation pour l'église de céans et pour celle d'Isles, pour lui et pour Sourel son serviteur, ainsi comme il est porté dans son testament. Priez Dieu pour son âme. »

Et l'autre : « D. O. M. Icy repose le corps de Marie-Agnès Jullien, de son vivant femme de Bernard Gibert, fermier à Tancrou, décédée le 23 juillet de l'année bissextile 1776, âgée de 24 ans. Priez Dieu pour son âme ». Une 3ᵉ pierre plus ancienne rappelle « honorable homme Pierre Pietre, natif de Tancrou, y demeurant, qui rendit à Dieu son âme le 9ᵉ avril 1588, environ une heure après midi » et qui a laissé à l'église et cure de Tancrou trente sous de rente à la charge de le recommander ainsi que sa femme aux prières de l'église le jour des Rameaux.

La cloche unique de l'église date de 1791 : On y lit : « L'an 1791 j'ay été bénite par Mᵉ Jacques Sautereau, curé de Tancrou doyen rural de Gandelu et nommée Marie par Mᵉ Bernard Gybert (Gibert), propriétaire fermier à Tancrou, administrateur au département de Seine-et-Marne et par Marie-Geneviève Bernier, épouse de M. Charles-Etienne-Antoine Bernier, maire de Tancrou. — (Plus bas) M. Jules-Sébastien Gautier et Louis Firon, marguilliers. — J.-B. Antoine m'a faite à Neuilly Saint-Front. »

II. La fabrique de l'église de Tancrou possédait :

Sur Tancrou 20 arpents 50 perches de terre, à Tancrou même une maison et jardin tenant à l'école et à la cure, plus la maison d'école elle-même.

Et aussi, indivisément avec la cure, sur la paroisse : 6 arpents 25 perches de terre provenant d'une fondation de Philibert Lane

---

(1) Donatien et Rogatien étaient frères. Ils ont été martyrisés à Nantes vers l'an 299 de l'ère chrétienne.

de Villeneuve, et sur Coulombs 6 arpents de terre et prés provenant d'une fondation de la sœur Noël Véret (1).

Le revenu total de ces biens était à la fin de l'ancien régime de 600 livres.

En outre la fabrique jouissait de 309 l. 19 s. 6 d. de rente dont 100 livres sur le clergé de France, 75 livres sur l'ordre du Saint-Esprit.

Outre Lâne de Villeneuve et Noël Véret, on peut citer parmi les donateurs de la fabrique : François Cousin, qui, en 1724, légua sa maison et un demi arpent de terre à charge d'un obit perpétuel, Grégoire Leclerc, curé de la paroisse, qui, en 1746, légua une maison et 50 perches de terre, Christophe Gautier, aussi curé de la paroisse qui, en 1780, légua 1.000 livres à la charge de deux services solennels.

Les immeubles de la fabrique ont été vendus à la requête de la Nation lors de la Révolution, sauf trois ou quatre parcelles qui n'ont été vendues qu'en 1871. A l'égard des rentes elles ont été pour la plupart transférées aux hospices de Fontainebleau et de La Ferté-sous-Jouarre.

III. La cure de Tancrou était à la collation de l'évêque de Meaux. Elle jouissait de 20 arpents environ de terre sur Tancrou, francs de dîmes, d'un revenu en 1787 d'environ 250 l. et de la moitié des terres et prés de Boullarre et de Coulombs mentionnés plus haut.

En outre les curés qui avaient à plus d'une reprise soulevé ou soutenu, au sujet de la fixation des droits de dîme, de sérieux débats contre le couvent de Reuil, gros décimateur de la paroisse, percevaient la dîme entière sur : 1° 100 arpents environ du canton d'Asnières, au-delà de la Marne ; 2° 350 arpents au hameau de Ruthel ; 3° 100 arpents au hameau de Chivres ; 4° 50 arpents dans l'enclave de Cuissy, plus sur le terroir de Tancrou, la dîme de basse-cour, de lin, de chanvre et de vin ; et pour leur gros ou portion congrue, à raison de la privation de la grosse dîme de Tancrou, ils recevaient du couvent de Reuil 3 muids de grain mesure de Meaux par an (blé, méteil et seigle par tiers). Enfin le prieuré de Saint-Fiacre leur payait annuellement 3 setiers de grains de même nature.

(1) Archives de Seine-et-Marne G, 362.
Pour un fermage de 250 livres applicable à ces biens, le fermier en 1790 payait pour la taille 23 l. 6 s. 9 d. et pour la dîme 51 l. 18 s. soit 80 livres 0 s. ou plus de 30 pour cent du fermage.

Le total de ce revenu à la fin de l'ancien régime s'élevait à environ 2,000 livres soit plus de 5,000 francs, au pouvoir actuel de l'argent (1).

IV. Le presbytère de l'église de Tancrou appartenant à la fabrique et une maison servant d'école et de logement au maître d'école lui appartenant également ont été vendus à la requête de la nation. (Voir plus haut).

L'église de Tancrou n'ayant pas été, malgré les demandes réitérées des habitants, rangée au nombre des succursales et n'étant que chapelle vicariale, le presbytère n'a pas été remplacé.

V. Il existait sur le territoire de Chivres une chapelle dédiée à à sainte Anne, dont le chapelain, en 1740, était Jean-Pierre Grossiez, régent au collège de Meaux.

Elle était dotée de 23 arpents 45 perches de terre et d'un bois d'une contenance de 24 arpents ou environ et elle jouissait d'un revenu, à la fin de l'ancien régime, de 370 livres au total.

Le chapelain devait acquitter ou faire acquitter 12 messes par an à cette chapelle.

Les arbres des bois dépendant des bénéfices ne pouvaient être coupés ni vendus par les bénéficiers sans une autorisation spéciale qui déterminait l'emploi du prix. C'est ainsi qu'en 1727 un arrêt ordonna que le prix d'arbres vendus dans le bois de la chapelle de Chivres serait employé aux réparations à faire à l'édifice religieux, à planter partie du terrain en ormes et à clore le bois lui-même par des fossés. Pour avoir oublié cette règle et avoir abattu des baliveaux sans autorisation, Jean-Pierre Grossiez fut, en 1763, condamné à 3,000 livres d'amende, mais il en obtint décharge et remise. (Archives du Ministère des Finances).

Les terres de la chapelle de Chivres ont été vendues nationalement le 2 novembre 1792.

VI. La paroisse des Essarts-l'Evêque ne fut constituée qu'en 1817 ; jusque-là son territoire sur lequel se trouvait une simple chapelle faisait partie de la paroisse de Chamigny ; en 1735, elle fut réunie à celle de Grandchamp (2).

(1) L'almanach du diocèse de Meaux de l'année 1783 fait une mention spéciale du curé Christophe Gautier, décédé à cette époque, comme ayant « exercé le ministère avec honneur et avec la réputation méritée de probité, de sagesse, de droiture et de régularité.

(2) D'après l'enquête qui a précédé cette réunion, l'église des Essarts et son clocher menaçaient ruine ; il n'y avait point de presbytère en ce lieu, et le curé, nommé alors Cœurdechêne, logeait dans une chaumière incommode et souvent

La petite église des Essarts-l'Evêque a disparu depuis longtemps. Elle n'avait, semble-t-il, d'autre revenu que le fermage de 2 arpents de terre sur Jaignes.

Quant à l'église de Grandchamp dont le vaisseau, vaste et élevé, est encore debout et dont le clocher a été détruit à une époque récente, elle a été conservée pour l'exercice du culte durant la première moitié de ce siècle ; mais, désaffectée, elle a été vendue en 1860, avec le terrain du cimetière qui l'entourait et est devenu propriété particulière.

De cette église le curé de Jaignes a transporté en la sienne divers objets de valeur ou dignes d'être conservés, notamment un fort beau retable en bois sculpté, et deux pierres tombales finement gravées.

VII. Au moment de la Révolution le curé de Tancrou était Jacques Sautereau, doyen rural de Gandelu. Lorsque fut décrétée la constitution civile du clergé, il prêta « comme pasteur et comme citoyen » le serment exigé par elle (23 janvier 1791) « se considérant obligé par état, de donner l'exemple de l'obéissance et de la soumission dues aux puissances établies de Dieu, et persuadé que le serment civique n'avait pour objet que le maintien du bon ordre et le rétablissement de la paix dans le royaume. » A la suite de la prestation de ce serment un *Te Deum* fut chanté sur la demande du maire.

Il mourut le 25 septembre 1793 après avoir constamment présidé les Assemblées électorales de la commune et avoir été lui-

inondée par un rû du voisinage. Il eût fallu dépenser 4 à 5.000 livres, ce qui était au-dessus des forces des habitants et propriétaires. D'un autre côté l'église priorale de Grandchamp était vacante. — Des trois menses (revenu attribué à chacun des moines) des religieux qui composaient la communauté du prieuré, deux avaient été transférées au collège de l'ordre de Cluny, situé à Paris ; la troisième, celle de sacristain, restait seule au prieuré. Ce sacristain, Antoine Zaiffret, mensionnaire aussi du doyenné conventuel de Gassicourt-lès-Mantes, avait donné son consentement à ce que le presbytère de la paroisse des Essarts fut transféré dans les logis appartenant à la sacristie de Grandchamp. Le prieur commendataire de ce dernier couvent, Nicolas-Guillaume de Bautru de Vaubrun avait également consenti à cette translation, et en outre à ce que l'office religieux fût transféré dans l'église priorale, où il ne restait plus aucun religieux, ni même un chapelain pour la desservir. Les habitants des Essarts, assemblés en l'église priorale, avaient aussi donné leur agrément sous la condition que le curé viendrait dire la messe en l'Eglise des Essarts une fois par semaine autant qu'il serait possible. Cela fait, les fonts baptismaux de l'église des Essarts ont été transportés en celle de Grandchamp et placés au bas de la nef. Un cimetière a été établi dans un terrain limitrophe de l'église. L'ordonnance de réunion porte que le prieuré de Grandchamp est désuni de la paroisse de Tancrou et incorporé à celle des Essarts, et que par suite les habitants de l'enceinte du prieuré ne seront plus réputés paroissiens de Tancrou.

lui-même élu notable, c'est-à-dire membre du corps municipal. Il ne connut pas le décret qui abolit l'ère chrétienne (5 octobre 1793) ni l'abjuration de l'évêque constitutionnel de Paris (10 novembre). Il ne vit pas descendre deux des cloches de l'église de Tancrou et enlever, sous les yeux de la municipalité, tout ce qu'elle contenait, tout ce qui restait d'argenterie, cuivre, plomb et autres métaux, le linge et les ornements servant au culte. Il n'eut pas le chagrin de voir son église transformée en temple de l'Etre suprême, retentir de la lecture des discours de Robespierre et des commentaires que la municipalité y ajoutait et recevoir tous les jours de décadi sous la direction du maire, devenu prêtre laïque, ceux que le souvenir de la religion catholique y attirait ou que la peur de passer pour suspects y poussait.

Cet interrègne de culte catholique dura environ 18 mois : le 23 brumaire an IV (18 novembre 1795) Magloire Bataille résidant à Mary, agréé par les habitants de Tancrou, fit la déclaration suivante prescrite par la loi : « Je reconnais que l'universalité des citoyens français est le souverain et je promets soumission et obéissance aux lois de la République. » Il put dès lors reprendre son ministère.

Depuis ce moment le culte catholique a été exercé à Tancrou sans interruption. La chapelle vicariale est desservie par le curé de Juignes.

La fabrique a revendiqué en 1818, comme lui appartenant, le prix s'élevant à 1,350 francs d'un terrain en montagne situé au-dessous de l'église; cette revendication a été accueillie par le conseil municipal le 23 août 1818.

En 1870 Mᵐᵉ la Baronne de Grandmaison, née de Lavault, a légué à la fabrique de l'église de Tancrou une somme de 1,000 francs.

§ IV. — ECOLES.

La paroisse de Tancrou bien que comprenant des hameaux distants de plus de 4 kilomètres du chef-lieu, n'avait qu'une école et cette école était située au point de ce chef-lieu le plus éloigné des hameaux ; on comprend combien cet état de choses était peu favorable à la fréquentation. Il en a été ainsi jusqu'en 1832, où une école fut ouverte au hameau de Ruthel. Ce bienfait fut dû à la générosité de Jean-Camille Fourcy, originaire de Tancrou, décédé à Mary-sur-Marne, le 15 août 1830. Il chargea par son testament les hospices civils de Meaux, auxquels il légua la majeure partie de sa fortune et la maison qu'il possédait à Ruthel, d'établir à perpétuité dans cette maison une école destinée à procurer l'instruction aux enfants des familles indigentes des hameaux de Ruthel et de Villemeneux et de laisser les instituteurs successifs de cette école jouir tant de la maison que d'une pièce de terre par lui désignée (lieudit les Brousses). Il chargea en outre les hospices de Meaux de payer à perpétuité aux instituteurs de Ruthel 200 francs par an et aux instituteurs de Tancrou aussi à perpétuité 150 francs également par an, pour indemniser ceux-ci du préjudice que pouvait leur causer l'établissement de l'école de Ruthel ; moyennant ces rentes les enfants des familles indigentes devaient être instruits gratuitement.

En janvier 1832, grâce à ces dispositions, une école fut établie à Ruthel dans la maison du testateur.

La maison d'école du chef-lieu, qui appartenait à la fabrique, ayant été vendue lors de la Révolution, comme on l'a dit plus haut, la commune acheta en 1823 pour servir d'école une maison, fort insuffisante du reste, qui reçut cette destination jusqu'en 1874. A cette époque s'éleva sous la direction de M. Pochet, maire, sur un terrain dont il avait fait don à la commune, un édifice scolaire conforme aux besoins modernes (1).

D'un autre côté à Ruthel les hospices civils de Meaux ont remplacé la maison de Jean-Camille Fourcy par une maison d'école parfaitement aménagée tant pour la classe que pour le logement de l'instituteur (1873), en sorte que dans la commune de Tancrou, l'important service de l'enseignement primaire se trouve établi dans de très bonnes conditions (2).

Aussi l'assiduité des enfants est-elle devenue régulière. Tandis qu'en 1840 les deux écoles recevaient 20 enfants pendant l'hiver et 17 durant l'été, elles comptent aujourd'hui une moyenne de plus de 60 élèves.

Le progrès de l'instruction primaire a suivi le même mouvement. Tandis qu'au siècle dernier, de 1776 à 1705 la proportion des conjoints ne sachant pas signer leur acte de mariage était de 33 pour cent pour les hommes et de 77 pour cent pour les femmes,

(1) L'ancienne maison a été vendue en 1875.
(2) L'inscription suivante gravée sur le marbre a été placée dans l'école de Ruthel : « A la mémoire de Jean-Camille Fourcy, décédé le 15 août 1830, fondateur de l'école de Ruthel, bienfaiteur des hameaux. »

tandis que de 1816 à 1835 la proportion a été respectivement de 44 et 63 pour cent, elle s'est abaissée de 1836 à 1877 aussi respectivement à 11 et 12 pour cent et de 1878 à 1887 à 3 1/3 pour cent tant pour les hommes que pour les femmes.

Tancrou est, on le voit, bien près d'atteindre la première étape de l'instruction élémentaire, d'où les générations qui s'élèvent, marcheront vers de nouveaux progrès (1).

Les écoles de Tancrou et de Ruthel sont pourvues de bibliothèques scolaires comptant environ 170 volumes chacune ; elles ont fait en 1887, celle de Tancrou 250 prêts, celle de Ruthel 127.

Dans l'école de Tancrou a été établie en 1882 une Caisse d'épargne scolaire réunissant aujourd'hui 280 francs. Une caisse des écoles, alimentée par le budget municipal et celui du bureau de bienfaisance, pourvoit aux dépenses scolaires des enfants pauvres.

Il a existé avant 1789 une école dans la paroisse des Essarts-l'Évêque, au lieu même des Essarts. En 1735, le cardinal de Bissy, évêque de Meaux, comprit cette école pour 30 livres de rente dans les généreuses dispositions qu'il fit en faveur de l'instruction primaire. Nous sommes porté à penser que l'école des Essarts n'a eu qu'une existence éphémère.

L'école de Tancrou a été, au moment de la Révolution, fermée durant quelques mois seulement. Elle était ouverte en l'an II sous la direction d'un nommé Grémion : une lettre qu'il adressait à Paré, ministre de l'instruction publique, fait connaître quels étaient alors les émoluments et les charges de son emploi et aussi quelles étaient ses incertitudes dans ces temps troublés : « Avant la révolution, je touchais, dit-il, de la fabrique 150 livres ; les fêtes et dimanches, je faisais chantre à l'église ; j'étais obligé de sonner les Angelus, de remonter et conduire l'horloge ; on me donnait 10 sous par feu, et les cultivateurs 3 livres par charrue ; l'eau bénite que je portais me valait du pain ; de plus chaque élève payait 5 sous ou 10 sous par mois, suivant la classe. Le culte a toujours son existence dans la commune ; je te demande, comme instituteur reçu, si je peux assister aux offices et continuer à porter l'eau bénite, aussi de recevoir les 3 livres des cultivateurs et les 10 sous des autres, comme par le passé. »

(1) L'école de Tancrou a obtenu de 1871 à 1887, 9 certificats d'études primaires dont 8 de 1885 à 1887 sous la direction de M. Boutillier, instituteur actuellement en exercice et celle de Ruthel durant le même temps, 11 certificats primaires dont 7 sont dus à la direction de M. Morizot, actuellement instituteur à Cocherel.

La situation de l'instituteur d'aujourd'hui est sensiblement différente de celle de Grémion.

Un des instituteurs de ce siècle Pierre-Isidore Leroy a durant 44 ans, de 1810 à 1854, dirigé l'école de Tancrou. Le conseil municipal, en raison de ses services, lui a assuré lors de sa retraite une pension viagère de 100 francs par an.

C'est à l'école de Tancrou qu'un enfant qui devait avoir plus tard son heure de célébrité, Magu, le poëte-tisserand de Lizy, a pris ses premières leçons. Il sera fait plus ample mention de lui dans la notice sur Lizy, qu'il a habité presque toute sa vie.

§ V. — BIENFAISANCE.

Les pauvres de la commune de Tancrou ont été gratifiés de nombreuses libéralités. En 1830 Jean-Camille Fourcy, dont on a vu plus haut les généreuses dispositions en faveur de l'instruction primaire, voulant assurer aussi aux indigents de la commune le pain du corps, leur légua 200 francs de rente annuelle et perpétuelle avec mille livres de pain à distribuer dans le premier hiver après son décès. Un bureau de bienfaisance fut créé dans la commune de Tancrou, par arrêté préfectoral du 2 janvier 1832.

A ce legs s'ajoutèrent en 1876 d'abord la somme de 500 francs, léguée par Mme Flore-Augustine-Aglaé de Lavault, veuve du baron Jean-Baptiste-Augustin de Savenelle de Grandmaison, lieutenant-colonel en retraite, puis 200 francs de rente annuelle et perpétuelle légués par M. Armand Vavasseur-Desperriers, propriétaire à Tancrou.

En cette même année 1876, Mme Anne-Marie Vavasseur-Desperriers, épouse de M. Ernest Chaudé, avocat à la cour d'appel de Paris, et M. Prosper-Ferdinand Vavasseur-Desperriers, maire de la commune de Congis, nièce et neveu de M. Armand Vavasseur-Desperriers ont donné au bureau de bienfaisance de Tancrou une maison avec jardin et autres dépendances.

Plus récemment, en 1882, Mme Marthe Esnée, épouse de M. Henri-Marie-Émile Perrin, a légué aux pauvres de Tancrou, où elle résidait durant l'été, « une somme de 1,000 francs par an ». Ce legs, par suite de l'existence d'un héritier à réserve de la testatrice, s'est trouvé réduit à 750 francs de rente annuelle pour laquelle le légataire universel de Mme Perrin a fourni une inscription de rente 3 °/. sur l'État français de pareille somme.

En ce moment le bureau de bienfaisance de la commune de Tancrou jouit d'un revenu fondé de 1,279 francs (dont 1,079 francs en rente 3 % sur l'Etat français et 200 francs dus par les hospices civils de Meaux), plus de la maison donnée par Mᵐᵉ Chaudé et M. Vavasseur-Desperriers.

D'autre côté M. Charles Pochet, ancien maire, a fait au profit de la commune, comme on l'a vu, l'abandon gratuit du terrain qui forme l'emplacement de l'école du chef-lieu et de ses cour et jardin.

Un marbre placé dans la salle de la mairie de Tancrou rappelle les noms de Camille Fourcy et Armand Vavasseur-Desperriers et ceux de Mᵐᵉˢ de Grandmaison, Chaudé et Perrin. Ceux de MM. Prosper Vavasseur-Desperriers et Pochet n'y figurent pas, par une omission facile à réparer.

§ VI. — TERROIR. — AGRICULTURE

Biens communaux

I. — Sur les 2.761 arpents qui composaient le terroir des anciennes paroisses de Tancrou et des Essarts-Grandchamp, près de 1.300 arpents appartenaient à l'église.

Sur le surplus il n'appartenait aux manants et habitants des deux paroisses qu'une très faible partie, moins de 130 arpents. C'est seulement depuis la sécularisation des biens ecclésiastiques que la petite propriété a pris pied, surtout à Ruthel, à Villemeneux, aux Essarts et même à Torchamp. On compte aujourd'hui sur la commune de Tancrou seule environ 300 cotes foncières et près de 300 sur celle de Jaignes, à qui ont été annexés Torchamp, Grandchamp et Chivres.

II. — L'exploitation du sol de Tancrou et des Essarts-Grandchamp, en 1770, se partageait entre 10 grandes exploitations variant de 100 à 300 arpents, 8 moyennes variant de 50 à 100 arpents et 5 petites variant de 6 à 50 arpents.

L'exploitation du même territoire se divise aujourd'hui entre 7 grandes exploitations et plus de 40 exploitations moyennes ou petites. C'est surtout dans les hameaux de Ruthel et de Villemeneux, que, par suite de la rentrée dans la circulation générale des biens ecclésiastiques, se sont établies la petite et la moyenne culture (1).

(1) Parmi les anciennes fermes disparues, signalons : à Tancrou la ferme de la Grandmaison dont les terres ont été réunies à celles de Montcouvert, à Ruthel, la ferme du Chapitre revendue à Paul Jullien, de Jaignes, le 5 décembre 1792, et

Les productions principales sont les céréales, les prairies artifi-
cielles, les betteraves ; il y a peu de prairies naturelles (12 hectares environ) et moins encore de vigne (4 à 5 hectares).

On constatait en 1770 sur l'ancienne paroisse de Tancrou
80 chevaux, 100 vaches et 1.500 bêtes à laine ; on constate aujour-
d'hui sur la commune de Tancrou 99 chevaux et 8 bœufs de travail, 221 vaches et taureaux et 2.000 bêtes d'espèce ovine. Ces
derniers animaux ont été longtemps, au chef-lieu de la commune
surtout, décimés par la maladie appelée sang de rate ; la vaccina-
tion due au génie de M. Pasteur les en préserve désormais.

On peut juger par le nombre de vaches, que la fabrication du
fromage est fort en faveur à Tancrou et dans les hameaux ; les
cultivateurs en effet s'y livrent avec succès ; leurs produits sont
fort recherchés sur le marché.

En 1788, Tancrou payait au roi pour taille, capitation et 20ᵉᵐᵉˢ
7.054 livres 1 s. 6 d., et les Essarts-l'Évêque pour mêmes causes
1.881 livres 2 s. ; au total, pour une contenance imposable de
1.100 hectares, 8 935 livres 3 s. 6 d., représentant d'après la puissance d'achat du numéraire actuelle 23,946 fr. 27 c. Aujourd'hui
Tancrou pour une contenance imposable de 1.221 hectares paie à
l'État 0,098 fr. 37 c. seulement (rôle de 1884). Les centimes départementaux et communaux s'élèvent, il est vrai, les premiers à

confondue dans l'exploitation de celui-ci, la deuxième ferme de ce lieu qui appartenait en 1725 à la veuve Augustin Varnier, née Marie Thérial. Celle-ci était fille
de Jacques Thérial, apothicaire à La Ferté-sous-Jouarre, qui, professant la religion
réformée, dut, lors de la révocation de l'édit de Nantes, se réfugier en Hollande
avec son fils et une de ses filles ; Marie Thérial, dont le mari était graveur du roi
pour la monnaie à Amiens et avait aussi embrassé la réforme, abjura ainsi que son
mari et hérita seule des biens laissés en France par sa famille. Citons encore parmi
les fermes disparues celle de Villemeneux et celle de la Colombette ; les terres de
ces fermes comme celles des fermes de Ruthel ont créé ou étendu la petite et la
moyenne culture.

D'autre part subsistent au chef-lieu du village les fermes de Vallière, de Montcouvert, la ferme appelée du nom de ses propriétaires : Gibert, Tronchon, Gautier,
(le propriétaire actuel est M. Léon Gautier, du Plessy-Placy, du chef de Mᵐᵉ Léon
Gautier née Tronchon ; c'est probablement celle que d'anciens titres dénomment
ferme de la Couarde) ; en ce même chef-lieu la ferme Vavasseur-Desperriers provenant des moines de Saint-Fiacre.

Les fermes de Tancrou sont occupées : celle de Vallière, par M. Léon Daguet-
Raoult ; celle dite Gibert, par M. Delorme-Dusautoy ; celle de Montcouvert, par
M. Louis-IsidoreLemoine ; celle de Mᵐᵉ Chaudé, par M. Joseph Daguet ; des deux
fermes de Montroutin, l'une est occupée par M. Henri Lemoine, l'autre (Bogues),
par M. Plaisant ; les fermes de Grandchamp et de Torchamp sont cultivées par
M. Adolphe Fournier.

5,348 fr. 08 c., les seconds à 6,433 fr. 50 c. mais ; du moins ils profitent directement à la commune (1).

N'oublions pas qu'outre l'impôt royal, la dîme pesait sur l'agriculture d'une charge qui ne peut être évaluée pour Tancrou à moins de 7 livres 10 sols par hectare, soit environ 20 fr. d'aujourd'hui.

D'autre part, les salaires agricoles ont sensiblement varié. En 1790 ils étaient les suivants : charretiers de 120 livres à 170 livres par an, servante de ferme de 45 à 72 livres, garçon de cour, âgé d'au moins 16 ans, 60 livres, nourriture en sus pour tous ces ouvriers. La coupe d'un arpent de blé et d'un arpent d'avoine (arpent de 50 ares environ) se payait 12 livres 15 sols avec logement et nourriture. Aujourd'hui un charretier se paie jusqu'à 500 fr., une servante jusqu'à 350 fr., nourriture en sus ; le labour d'un hectare de terre, de 35 à 45 fr.; la coupe d'un hectare de blé, 30 fr., celle d'un hectare d'avoine, 20 fr., pain et pitance en plus.

Le tableau suivant fera connaître la progression qu'ont également suivie la valeur vénale et la valeur locative depuis un siècle :

Prix de vente par hectare :

Premièrement. — 140 hectares sur Tancrou :

 1782 : 700 livres.

 1823 : 1,600 fr.

 1851 : 2,000 fr.

Deuxièmement. — 75 hectares à Montsoutin :

 An VI : 683 fr.

 1836 : 1,690 fr.

 1840 : 1,870 fr.

 1864 : 1.560 fr.

Troisièmement. — 35 hectares au centre des hameaux, vendus en détail, de 1863 à 1872 :

 Moyenne : 2,540 fr.

Prix de location par hectare (impôts en sus) :

 1763 à 1784 : 18 à 23 livres (2).

 1825 à 1840 : 53 à 63 fr.

(1) Lors de la nouvelle sous-répartition qui a eu lieu dans le département de Seine-et-Marne de 1858 à 1860 et dont M. Frédéric Benoist, conseiller général du canton de Lizy, a été un des principaux promoteurs, le contingent de Tancrou a été diminué de 1,137 fr., ce qui eu égard aux centimes départementaux et généraux lui a valu une décharge annuelle de plus de 1,800 francs.

(2) Notons en passant qu'un bail de 1763 obligeait le fermier à faire de la luzerne et à en laisser à la fin de sa jouissance. C'était une production nouvelle alors.

1875 à 1885 : 70 '. ۸۶ fr.

Ces prix de vente et de location, hâtons-nous de le dire, sont supérieurs au cours actuel.

Il est dû une mention spéciale aux auxiliaires de l'agriculture que la Société d'agriculture, sciences et arts de Meaux, a couronnés :

1859 : Delot (Raphaël), depuis 30 ans charretier chez Mme veuve Gautier : le rapport s'exprime ainsi : « Delot est en même temps le modèle des pères et des fils, il a su bien élever ses sept enfants qui marchent sur ses traces ; et comme les bons sentiments s'enchaînent et s'engendrent réciproquement, il a su malgré la lourde charge d'une nombreuse famille trouver les ressources nécessaires pour soutenir son père et sa belle-mère affaiblis par l'âge et les infirmités. » Médaille d'argent et prime de 150 francs.

1870 : Gérard (Hubert), berger depuis 32 ans dans la famille Dusautoy ; Médaille d'argent et prime de 50 francs.

1881 et 1887 : Gérard (Théodore), berger depuis 45 ans dans la ferme de M. Gautier ; Médaille d'argent et prime de 100 francs.

1881 : Vasseur (Adolphe) et Elisa Leroy, sa femme. Dévouement intelligent et courageux aux intérêts de leur maître (M. Gautier), durant l'invasion de 1870-1871 ; Médaille d'argent.

1886 et 1887 : Vincent, manouvrier depuis 42 ans dans la ferme de MM. Daguet ; Médaille de bronze et prime de 50 francs.

III. — Il n'existe pas dans la commune de Tancrou d'autre industrie que la construction de machines agricoles. M. Alexis Rousselet qui l'a fondée à Villemeneux, a reçu pour ses inventions et perfectionnements de nombreuses récompenses dans les comices et concours.

Une râperie de betteraves construite en 1873 et qui était en communication avec l'une des fabriques de sucre de Lizy a été détruite en 1885.

IV. — Tancrou ne possédait en fait de biens communaux que 6 arpents environ de pâtis sur la rive droite de la Marne ; une partie servait de port et il était perçu au profit des habitants un droit de 18 deniers (7 c. et demi) par corde de bois ; bien que, vers la fin de l'ancien régime, le seigneur eût prétendu être propriétaire de ce pâtis, la commune en est restée en possession.

Lorsqu'en 1813 une loi transféra à la Caisse d'amortissement les biens communaux et en ordonna la vente à la charge par la Caisse de remettre aux communes dépossédées une rente sur l'Etat proportionnée au revenu des biens vendus, Tancrou céda à la Caisse d'amortissement comme bien communal 25 ares 53 centiares de terrain en montagne au-dessous de l'église ; ils furent vendus le 1er octobre 1813 ; mais, comme on l'a dit plus haut, le Conseil municipal reconnut en 1818 que ce terrain appartenait à la Fabrique de l'église de Tancrou et consentit l'abandon à celle-ci la rente qui en était la représentation.

A Chivres se trouvaient trois arpents de terre autrefois en pâture, qu'en 1790 le Conseil municipal de Tancrou réputait bien communal. Ils ont été incorporés à Jaignes avec le territoire de Chivres.

Les habitants de Montsoutin et de Villemeneux avaient droit de pâturage sur des usages dépendant de la seigneurie de La Ferté-sous-Jouarre, à la charge de payer 25 sous tournois par an ; ce droit n'a pas survécu à la Révolution.

En outre à Montsoutin, au bout du bois dit de Grandchamp, se trouvait un pâtis communal que le Conseil municipal de Tancrou, en 1841, proposait de louer. Il ne semble pas qu'il subsiste, à moins qu'il ne se confonde avec le grand chemin rural planté de plusieurs centaines de peupliers, précieuse ressource future pour le budget communal.

Quant aux habitants des Essarts, le prieur de Grandchamp leur avait concédé le 24 mai 1646 (Baulde, notaire à Grandchamp), à titre d'usage et pâturage moyennant annuellement douze deniers tournois de cens par feu et « deux grands poulets vifs, bons et loyaux » aussi par feu, une pièce de terre tenant du haut à la chaussée de l'Etang et d'une autre part au rû de la Fontaine-Saint-Fiacre (1).

Les habitants se partagèrent cette pièce le 25 pluviôse an VII, à l'exception d'une marnière qui est restée indivise.

§ VII. — RÉGIME MUNICIPAL

Le 3 mars 1789, les gens du tiers-état de la paroisse de Tancrou ont arrêté le cahier de leurs plaintes, doléances et remontrances, et ont député Bernard Gibert et Charles Bernier, tous deux fermiers en la paroisse, à l'assemblée convoquée pour le 9 mars à Meaux, à l'effet de nommer les députés du tiers-état du bailliage de Meaux à l'Assemblée nationale.

(1) Une grosse de cet acte se trouve entre les mains de Mme Alcide Courtier. aux Essarts.

On sait que ces députés furent Houdet, greffier du bailliage, et Desécoutes, de Coulommiers.

Lorsque la loi du 14 décembre 1789 constitua les municipalités, Bernard Gibert fut élu maire, Etienne Philippe et Charles Bernier, officiers municipaux, Firon, Fourcy, Gautier fils, Louis Lefèvre, Copeau et Champs, notables. Ils composèrent le conseil général de la commune. Bernard Gibert, ayant eu l'honneur d'être nommé administrateur du département de Seine-et-Marne donna sa démission de maire (12 juin 1790) et fut remplacé par Charles Bernier.

Nous ne reproduirons pas ici le tableau déjà tracé plus d'une fois de la vie de nos villages durant l'époque révolutionnaire. Il est à peu près le même partout ; partout la population frappée de stupeur reflétait passivement les sentiments qui agitaient Paris : partout elle se courbait sous les ordres venus du dehors, comme les épis d'un champ de blé se courbent sous le souffle du vent, multipliant d'abord les *Te Deum* avec les fêtes et les serments, puis aussi exacte au culte de la raison ou de l'Etre suprême qu'à celui du Dieu des Chrétiens, applaudissant à la mort du roi et en célébrant l'anniversaire par un *Te Deum* d'un nouveau style adressé au nouveau Dieu ; spectacle profondément triste, mais qui n'est pas sans excuse.

Charles Bernier resta maire et agent municipal durant plusieurs années. Depuis ont été administrateurs de la commune :

MAIRES	ADJOINTS
1808-....... Gautier (Armand-Hilaire).	1808-....... Bernier (Etienne - Charles-Marie).
	1810-.... .. Bernier (Auguste).
1815-....... (14 mai) Bernier (Auguste).	1815-....... Daguet (Charles - Antoine).
1815-1840. (septemb.) Gautier (Armand-Hilaire).	1816-1831. Bernier (Auguste).

1830. Constitution de la garde nationale ; capitaine, Vavasseur-Desperriers (Armand) ; lieutenant, Gautier (Victor).

	1831-1834. Champs (Luc).
	1834-....... Vavasseur-Desperriers (Armand).
1840-1843. Gautier (Denis - Charlemagne.)	

Est décidée la construction du chemin conduisant du chemin de grande communication n° 3 au terroir de Chamigny par Ruthel, Grandchamp et Torchamp.

1843-1846. Dusautoy (Pierre-Victor).	1843-1846. Olivier (Armand).
1846-1848. Gautier (Denis-Charlemagne.)	1846-1853. Vavasseur-Desperriers (Armand).
1848-1871. Dusautoy (Pierre-Victor).	1853-1858. Olivier (Armand).
	1858-1860. M. Mauclerc (Alexandre.)
	1860-1871. M. Lemoine (Henri-Léon'.

1853. Est décidée la construction du chemin de Villemeneux au chemin de grande communication n° 73 de Changis à Chamigny.

1854. Etablissement d'un plan d'alignement des rues de Tancrou et des hameaux de Ruthel, de Villemeneux, Montsoutin et les Essarts.

1871-1884. M. Pochet (Charles).	1871-1876. M. Gautier (Eustolie).
	1876-1878. M. Rousselet (Alexis).
	1878-1881. M. Daguet (Joseph-Antoine).
	1881-1884. M. Rousselet (Alexis).

1874-1875. Construction de la nouvelle maison d'école de Tancrou avec une salle de mairie.

1882. Etablissement d'un nouveau cimetière.

id. Constitution d'une caisse des écoles.

1884. M. Rousselet (Alexis), premier conseiller municipal, faisant les fonctions de maire.

1884-1885. Etablissement de lavoirs à Ruthel et à Villemeneux.

1886. Pose dans le cimetière d'une pierre commémorative en l'honneur des enfants de Tancrou morts sous les drapeaux (1).

1886. Pose dans la mairie et dans l'école de Ruthel des marbres destinés à recevoir les noms des bienfaiteurs de la commune.

1887. Distribution publique d'eau dans le village de Tancrou.

Ce dernier travail mérite d'être particulièrement signalé. Il est un véritable bienfait pour les fermes et les ménages situés sur le parcours des tuyaux. Nul doute que dès que les ressources de la commune le permettront, la conduite ne soit prolongée jusqu'aux habitations les plus voisines de la Marne; l'œuvre alors sera complète.

1888. M. Théodore-François Delorme.	1888. M. Alexis Rousselet.

---

(1) Cette pierre porte l'inscription suivante : « Honneur aux soldats citoyens morts pour la patrie : Bouché Charles-Eugène, 20 ans, 10e de ligne, armée de la Loire 1870-1871 ; Moreau Alphonse, 21 ans, 17e chasseurs à pied, à Courbevoie, 24 février 1883 ; Vasseur Alfred, 24 ans, 1er cuirassiers, à Maubeuge, 20 octobre 1883 ; Pierre Edouard, 23 ans, 1er d'infanterie de marine, à Toulon, 27 août 1865.

On ne peut qu'applaudir au sentiment patriotique qui a inspiré l'érection de ce monument.

ACTE DE FOY ET HOMMAGE

par M. Bernier de Chanqu (Echampeu) à Monseigneur
de La Rochefoucauld seigneur de La Ferté-
sous-Jouarre (24 décembre 1782)

Aujourd'huy vingt-quatrième jour de décembre mil sept cent quatre-vingt-deux, après midy, en présence du notaire Royal au châtelet de Paris à la résidence de La Ferté-sous-Jouarre, soussigné, Mᵉ Etienne Bernier, seigneur de moitié du fief de la Cloche paroisse de Tancrou, demeurant à Chanqu, s'est transporté au château de laditte Ferté-sous-Jouarre appartenant à très haut et très puissant seigneur, Monseigneur Louis-Alexandre duc de La Rochefoucauld et de la Roche de Guyon, pair de France, prince de Marcillac, Baron-Chastellain des Baronnies et Chastellenies de laditte Ferté-sous-Jouarre, Chamigny et dépendances, seigneur des hautes justices de Jaignes, Tancrou et autres lieux, où étant à la principale porte et entrée du dit château, le dit Mᵉ Bernier, ayant frappé à laditte porte, s'est présenté le sieur Robert Dupré, garde-chasse de mon dit seigneur duc de La Rochefoucauld, seigneur de laditte Ferté, demeurant au dit château, auquel sieur Dupré parlant à sa personne, le dit Mᵉ Bernier a demandé si Monseigneur duc de La Rochefoucauld, seigneur de laditte Ferté et dépendances, étoit au dit château ou s'il y avoit autre pour lui ayant charge de recevoir les foy et hommage et offres : le dit sieur Dupré ayant répondu que mon dit seigneur duc n'y étoit pas, et qu'il ne connoissoit personne ayant pouvoir pour luy, le dit sieur Bernier après avoir appellé à haute voix par trois fois le dit seigneur de laditte Ferté devant la principale porte du dit château, s'étant mis en devoir de vassal, tel qu'il est requis par la coutume, sans épée ni éperons, tête nue et un genou en terre, a dit qu'il faisoit et prêtoit au dit seigneur duc de La Rochefoucauld, seigneur de laditte Ferté et dépendances, la foy et hommage et serment de fidélité qu'il est tenu de lui faire et porter pour raison de moitié du fief de la Cloche et dépendances, situé en la paroisse de Tancrou, acquis par le dit sieur Bernier par sentence d'adjudication, rendue au bailliage de Meaux le vingt-six aoust dernier, dûment scellé à Meaux le vingt-et-un octobre aussi dernier et insinué à Lisy le vingt-trois du dit mois d'octobre dernier, de moitié du dit fief de la Cloche et dépendances, entre autres biens immeubles dépendant de la succession de défunt M° Hugues-Louis Veillet, conseiller du roy, receveur alternatif des impositions de l'élection de Meaux, auquel sieur Veillet la ditte moitié du dit fief de la Cloche appartenoit comme acquéreur, par contrat passé devant M° Lhéritier qui en a gardé minutte et son confrère, notaires à Paris, le dix-sept mars mil sept cent soixante-deux, insinué à Lisy par Picard le seize du même mois, de M° Geoffroy-Dominique-Charles de Bragelongne, vicaire général de Beauvais, abbé de l'abbaye royale de Longuay, seigneur de moitié du dit fief de la Cloche, dont le dit sieur abbé de Bragelongne avoit la propriété, comme fils et héritier par bénéfice d'inventaire de défunte dame Marie-Jeanne-Françoise de Bragelongne, sa mère, au jour de son décès, veuve en premières noces de M° Charles de Bragelongne, colonel de dragons, son père.

La ditte moitié du dit fief de la Cloche tenue et mouvante en plein fief, foy et hommage de la ditte barronnie et chatellenie de La Ferté-sous-Jouarre appartenante au dit seigneur duc de La Rochefoucauld, suivant la coutume de Meaux dans l'étendue de laquelle le dit fief de la Cloche est situé, et étant sans justice.

Déclarant le dit sieur Bernier qu'il est prêt et offre de payer au dit seigneur de la ditte Ferté, la somme de cent quatre-vingt-sept livres dix-huit sols quatre déniers, pour le quint du prix de la ditte acquisition, même tous autres droits dus pour la ditte mutation, en lui donnant quittance et décharge valable, et qu'il luy fourniroit aveu et dénombrement dans le tems prescrit par la coutume.

Dont et de ce que dessus le dit M° Bernier a requis acte au dit notaire soussigné, qui lui a octroyé le présent pour lui servir et valoir ce que de raison.

CHAPITRE IV

RADEMONT, MARY-SUR-MARNE, LE FIEF-VERT,

SAINT-JEAN-LES-DEUX-JUMEAUX

Nous renvoyons pour Rademont et le Fief-Vert à la notice sur Vendrest et Dhuisy, pour Mary-sur-Marne à la notice spéciale à cette commune, et pour les fiefs de Saint-Jean-les-deux-Jumeaux à la notice concernant Lizy-sur-Ourcq dont ils dépendaient.

Vieux-Moulin figure plus loin.

—————

CHAPITRE V

OCQUERRE [1]

§ Iᵉʳ. — NOTIONS GÉNÉRALES

La commune d'Ocquerre qui comprend La Trousse et son château est située entre Crouy au nord, Vendrest à l'est, Cocherel, Tancrou et Mary au sud, Lizy et May à l'ouest.

Elle renferme, outre La Trousse, les écarts de Marnoue-les-Moines et de Vieux-Moulin.

La rivière d'Ourcq la sépare de Lizy et de May ; deux rûs, dits de Jean-Rasset et de Méranne conduisent à cette rivière les eaux de pluie d'une partie du territoire.

On y comptait en l'an XIII, 247 habitants ; en 1821, 299 ; en 1830, 316 ; il s'y trouve aujourd'hui 332 habitants dont 218 au chef-lieu. C'est un des rares villages où la population ait augmenté ; il le doit au voisinage de Lizy et à la facilité des communications avec cette dernière localité.

[1] Ce nom signifierait, suivant l'avis d'un savant, « porte de l'Ourcq. »

Ocquerre était de la généralité de Paris, de l'élection de Meaux, de la Maîtrise des eaux et forêts de Crécy et du doyenné de Gandelu.

En la commune d'Ocquerre, à La Trousse, a résidé jusqu'à sa mort M. Charles-Victor Baudon, comte de Mony-Colchen, officier de la Légion d'honneur, petit-fils de M. Charles-Guillaume Baudon de Mony, qui acheta en 1791 le domaine du marquisat de La Trousse. Né à Paris en 1812, M. le comte de Mony-Colchen fut nommé en 1836 auditeur au Conseil d'Etat, devint secrétaire particulier du comte Pelet de la Lozère qui a été ministre des finances en 1840, puis conseiller référendaire à la Cour des Comptes. Il était conseiller maître lors de sa mort arrivée à Paris le 2 février 1884. Il avait accepté la modeste fonction de Maire d'Ocquerre.

Mᵐᵉ Henriette-Nathalie Petit de Beauverger, son épouse, était sœur du baron Edmond Petit de Beauverger qui a été membre du Corps législatif sous le deuxième Empire, de 1852 à 1869, et qui a laissé plusieurs ouvrages d'études politiques.

Mᵐᵉ la comtesse de Mony-Colchen, décédée le 29 décembre 1887, a voulu perpétuer le souvenir des charités qu'elle et son mari se plaisaient à faire, et a fondé deux rentes au profit des pauvres d'Ocquerre et de Crépoil.

Ce sont eux qui ont fait élever le château moderne de La Trousse qui appartient aujourd'hui à M. le comte Henri de Mony-Colchen, leur fils.

M. de Mony avait été autorisé en 1870 à relever le nom et le titre de Jean-Victor comte Colchen, son oncle, sénateur du premier Empire, pair de France en 1819, qui se distingua par ses talents et son esprit libéral.

A Ocquerre est né en 1806 Jules de Limairac qui fut député de Tarn-et-Garonne en 1871 et siégea à l'extrême droite de l'Assemblée ; il était petit-fils de M. Charles-Guillaume Baudon de Mony par sa mère, Mᵐᵉ Anne-Julie Baudon.

Une autre fille de M. Charles-Guillaume Baudon de Mony, Mᵐᵉ Elisabeth-Marguerite Baudon de Mony a épousé à Ocquerre, le 2 ventôse an X, Jacques-Pierre Orillard de Villemanzy, comte et sénateur du premier Empire, intendant général, créé pair de France en 1814.

Une sœur de M. Charles-Guillaume Baudon de Mony, Mᵐᵉ Angélique-Marie Baudon était au moment de la Révolution, abbesse de Sainte-Périne de Chaillot. Elle mourut le 8 frimaire an X au château de La Trousse où elle s'était retirée.

Parmi les modestes enfants d'Ocquerre qui sont morts au service de la patrie ou l'ont servie avec distinction par les armes, nous citerons :

Isidore Bataille, brigadier au 2ᵉ régiment de carabiniers, tué d'un coup de feu sur le champ de bataille près Ratisbonne, le 23 avril 1809 ;

Delahaye (Louis-Pierre-Théodore), né à Ocquerre, le 25 novembre 1771 d'une famille d'ouvriers ; réquisitionnaire en 1793, il a fait de l'an II à l'an IX, les campagnes du Nord, de la Hollande, du Rhin, du Danube, de la Batavie, de l'Italie. Durant les années suivantes il servit dans la grande armée, dans celles du Rhin, d'Allemagne, d'Espagne, et conquit successivement ses grades jusqu'à celui de capitaine qui lui fut conféré le 19 décembre 1813. Il avait reçu la croix de la Légion d'honneur le 25 novembre précédent. Blessé au passage du Niémen (an IX), fait prisonnier par les Autrichiens (1809), blessé devant Pampelune (1813), il rentra dans ses foyers en 1814, puis reprit du service durant les Cent-Jours. Il consacra sa retraite, autant qu'il le put, au bien de ses concitoyens, les encourageant à s'instruire, leur donnant, avec ses conseils, l'exemple d'une existence simple et bien ordonnée, acceptant de leur confiance la fonction de Maire que toutefois il ne crut pas devoir conserver. Il est mort au lieu de sa naissance le 22 avril 1857, dans sa 86ᵉ année et a laissé le plus honorable souvenir ;

Et Jourdaine (Félix-François), né à Ocquerre, le 4 novembre 1818, aussi d'une famille des plus humbles, qui fut fait capitaine de cavalerie et mourut le 21 mai 1865, des suites d'une maladie contractée dans son service militaire.

§ II. — SEIGNEURIE ET FIEFS

A. — SEIGNEURIE

Au xvᵉ et au xviᵉ siècle, une famille d'écuyers du nom de Radingan prenait le titre de seigneur d'Ocquerre ; ils possédaient en effet la seigneurie de cette paroisse. C'est contradictoirement avec eux qu'en 1491 et 1549 l'abbaye de Jouarre fixait les limites de sa seigneurie de Vendrest limitrophe de celle d'Ocquerre. Les

Radingan ont conservé ce titre au xvii° siècle, c'est-à-dire tant qu'ils ont eu des possessions sur la paroisse, et leurs successeurs l'ont pris également jusqu'à la fin de l'ancien régime.

Cependant au xvi° siècle se rencontre à Ocquerre un personnage important, René Baillet, président au Parlement de Paris, seigneur de Sceaux et de Tresmes ou Gesvres. Après sa mort (1579) et celle d'André Baillet, son fils unique, le partage fait entre leurs héritiers le 17 octobre 1585 a compris « la terre et seigneurie d'Ocquerre ». Deux des descendants de René Baillet, Nicolas et René Potier, dont on parlera plus loin, ont porté officiellement le nom de sieur d'Ocquerre, et ce titre est resté à leurs successeurs sans contestation jusqu'en 1789.

Pour concilier ces faits, il faut admettre que les Radingan qui ont bien possédé la seigneurie de la paroisse d'Ocquerre, l'ont cédée en partie dans la première moitié du xvi° siècle à René Baillet, que celui-ci a obtenu ultérieurement la cession du surplus des droits seigneuriaux, que la modeste famille des Radingan s'est réduite au fief du Chatel et à celui de Viron dont on parlera plus loin, et que par convention expresse ou tacite elle a conservé et transmis à ses successeurs dans ces fiefs le titre de seigneur d'Ocquerre.

Quoi qu'il en soit, par le partage du 17 octobre 1585 déjà mentionné, la terre et seigneurie d'Ocquerre échut à Isabeau Baillet, sœur d'André, femme de Nicolas Potier, seigneur de Blancmesnil (1).

Celui-ci qui avait pour frère puiné Louis Potier, auteur de la branche des Gesvres et Tresmes, fut président au Parlement de Paris, resta durant la Ligue fidèle au parti du roi, fut emprisonné par les ligueurs, devint plus tard président de la Chambre du Parlement établie à Châlons et chancelier de la reine Marie de Médecis. Il mourut en 1635, à l'âge de 94 ans, ayant conservé son intelligence intacte et laissant la réputation d'un des plus sages et plus vertueux magistrats du royaume (2).

(1) Ocquerre figure dans ce partage sous l'indication suivante : « La terre et seigneurie d'Ocquerre consistant en haute justice, moyenne et basse, maison seigneuriale, cens, rentes tant en deniers, grains, chapons que poules, terres labourables, prés, vignes, pâtis, aulnoies, garennes et autres droits et devoirs, évaluée 5.974 écus sol (17.922 livres).

(2) Deux de ses fils, René et Augustin furant évêques-comtes de Beauvais et pairs de France ; un autre a fait la branche de Novion ; une de ses filles a épousé de Boinville de la nombreuse et riche famille des Hennequin (Voir la Notice sur le marquisat de Manœuvre et Viney-Manœuvre). Le président de Blancmesnil arrêté avec Broussel durant la Fronde était son petit-fils.

Il transmit de son vivant postérieurement à 1600 (1), sa seigneurie d'Ocquerre à Nicolas IV un de ses fils, président en la Chambre des Comptes qui devint secrétaire d'Etat en 1622 sur la démission de Louis de Gesvres, son oncle, et mourut au siège de La Rochelle en 1628.

Fauvelet du Toc (Histoire des secrétaires d'Etat) rapporte que M. d'Ocquerre fut accusé, auprès du roi, d'intelligence avec M. de Vendôme, dont la conduite alors était contraire aux intérêts du monarque, mais qu'il prouva son innocence, fit disgracier son accusateur et entra fort avant dans les grâces du souverain. Le même auteur ajoute que, comme M. d'Ocquerre n'avait pas de fils en âge de lui succéder, le roi voulut en choisissant M. de Bouthillier pour succéder à sa charge qu'il la récompensât de 250,000 livres, outre un don de 100,000 livres qu'il lui avait fait avant sa mort et qu'il conserva à sa famille (2).

Il avait épousé Marie Barré, d'une modeste mais bonne famille de l'Echevinage de Tours, fille d'Antoine Barré, sieur de Cousteau. Il en eut sept enfants.

Ocquerre passa à Augustin Potier, son troisième fils, conseiller au parlement, qui vécut obscurément, ne se maria pas et mourut le 11 mars 1704. Il s'était appelé aussi sieur d'Ocquerre.

Il avait cédé entre 1654 et 1661 sa seigneurie d'Ocquerre à René Potier de Tresmes, son cousin.

A partir de ce moment la terre d'Ocquerre resta dans la maison des ducs de Tresmes et Gesvres jusqu'à la Révolution. Lorsque le deuxième duc de Tresmes fit abandon aux créanciers de son père des biens que celui-ci lui avait donnés le 9 juillet 1703, il comprit Ocquerre dans ceux qu'il se réserva.

Le lecteur pourra se reporter à la notice sur Crouy et le duché-pairie de Gesvres, pour ce qui concerne les ducs de Gesvres et Tresmes.

Le seigneur d'Ocquerre avait droit de justice, haute, moyenne et basse, droit de cens, de rentes tant en deniers qu'en grains, poules et chapons, de lods et ventes, etc.

(1) Le 30 octobre 1600 il était reçu à faire foi et hommage pour sa terre et haute justice d'Ocquerre à Diane de Vivonne, dame de La Ferté-au-Col dont cette terre relevait à cause de chatel de La Ferté. Diane de Vivonne était fille de François de Vivonne et fut femme de Nicolas de Grémonville, seigneur de Larchant.

(2) La quittance de ces cent mille livres souscrite par le tuteur des enfants de Nicolas IV d'Ocquerre est conservée à la bibliothèque nationale.

Le domaine utile consistait en maison seigneuriale, terres, prés et bois.

A la mort du dernier duc de Gesvres ce domaine échut à Jean-Baptiste-Louis Petit, un des acquéreurs des biens du duc. Petit le vendit, en 1811, à Jacques-Pierre Orillard de Villemanzy dont il a été question plus haut.

Celui-ci transmit le domaine d'Ocquerre à la marquise de Raincourt, sa fille, à laquelle il appartient encore.

L'ancienne maison seigneuriale qui forme le corps de logis de la ferme est remarquable. Elle a été construite en 1546 par René Baillet et est un beau spécimen du style de la Renaissance. Elle est assez bien conservée et mérite d'arrêter l'attention.

Une des cheminées portait des inscriptions aujourd'hui mutilées dans lesquelles on ne distingue plus guère que la date de 1546 et les mots : *Honor Deo* (1).

Les armes sculptées au-dessus de la porte d'entrée ont été hachées : ce devaient être les armes des Baillet.

B. — Fiefs.

Il existait sur la paroisse d'Ocquerre plusieurs fiefs non compris celui de La Trousse dont nous n'avons plus à parler.

I. Fief du Chatel d'Ocquerre.

Le fief du Chatel, qui a pu être primitivement le siège de la seigneurie de la paroisse, se composait d'un manoir élevé sur la rive droite du ru d'Ocquerre, à l'extrémité du village vers Rademont, et de divers héritages. Il a appartenu aux Radingan. On a vu plus haut comment le titre de seigneur d'Ocquerre y était attaché. C'est ainsi qu'en 1642 et 1657 Nicolas Dupuy, écuyer, gentilhomme servant du roi, qui avait succédé dans ce fief à Antoine de Beauvais, se disait également seigneur d'Ocquerre. Signalons en passant que Nicolas Dupuy, au moment de la Fronde, fut un des

(1) Une tradition populaire attribue la construction de cet ancien château à Henri IV qui l'aurait fait élever pour Gabrielle d'Estrées. Cette tradition est évidemment erronée. En 1546 Henri IV n'était pas né. Mais comme toute légende renferme un fond de vérité, il est permis de penser que le bon roi qui était souvent à Montceaux, est venu et s'est arrêté à Ocquerre, et cela est d'autant plus vraisemblable qu'Ocquerre appartenait à la famille de son ministre Louis Potier de Gesvres.

Nous disons sans hésiter que le manoir seigneurial a été construit par René Baillet ; l'ampleur et l'élégance de l'édifice répondent à l'opulence du seigneur de Sceaux.

trois députés choisis par la ville de Meaux, pour se rendre auprès du roi et lui porter l'assurance de la fidélité des habitants, à la cause royale (1).

Au xviii° siècle le fief du Châtel appartenait à une famille Ronssin, ainsi que le Châtel de Viron : En 1718 Louis-Claude Ronssin, avocat au Parlement et aux conseils du roi, déclarait à propos de ce domaine, n'être ni sujet, ni suffragant du moulin de Viron et n'être tenu d'aucun cens envers les seigneurs de Gesvres ni autres. Il eut pour successeur Louis-François Ronssin, curé de Reuil, autre Louis-François Ronssin, Arnould-Louis-François Ronssin, garde du corps du roi, qui, en 1770 demeurait « en son château d'Ocquerre » et qui en 1779 (26 janvier, Jourdaine, notaire à Paris) vendit au comte de Mory, seigneur de Congis, chevalier honoraire de l'ordre de Malte « le Châtel, fief et seigneurie d'Ocquerre consistant en 100 arpents de terre et le fief de Viron, avec les droits utiles et honorifiques en dépendant et les meubles meublant le château d'Ocquerre estimés 2,800 livres (2). »

Le comte de Mory à son tour vendit les bâtiments, corps de ferme et château, moyennant 60 livres de rente perpétuelle, et les terres passèrent en 1826 des mains de Mᵐᵉ de Beauclerc, fille du comte de Mory, en celles du comte de Villemanzy qui les a réunies à sa ferme d'Ocquerre.

Le fief du Châtel avait moyenne et basse justice.

II. Fief de Viron.

Au hameau de Viron se trouvait sur l'Ourcq un moulin faisant d'abord farine, drap et huile, qui après avoir appartenu à Jean Robert de Lizy en 1500, fit partie de la seigneurie d'Ocquerre. Ce moulin devint banal et eut droit exclusif de chasse (quête de grains) sur Viron, Ocquerre, Echampeu, Vernelle, Marnoue-la-Poterie (possessions des ducs de Gesvres) (3).

Il a été vendu par le troisième duc de Tresmes le 11 juillet 1771 à Sébastien Marleux et a cessé de tourner depuis que le canal de l'Ourcq a privé la rivière d'une forte partie de ses eaux.

A Viron se trouvait aussi un fief composé de terres et bois qui,

(1) Son fils, François-Marie Dupuy, seigneur de l'Espinay se maria en l'église des Cordeliers de Meaux, le 10 avril 1673.

(2) La vente eut lieu moyennant 39,600 livres.

(3) Il rapportait en 1662, 600 livres et 4 chapons, en 1761, 900 livres.

comme on l'a vu ci-dessus, a appartenu aux Radingan et aux Ronssin et a été acheté avec le fief du Châtel d'Ocquerre par le comte de Mory.

III. Fief de Candilly.

Il a existé jusque dans la première moitié du xviii° siècle sur la paroisse d'Ocquerre, au nord-est et non loin de La Trousse, un hameau nommé Candilly (1). C'était avec les terres en dépendant un fief appartenant aux ducs de Gesvres et relevant du seigneur de La Trousse. En 1757 (21 juillet) le deuxième duc de Gesvres en fournissait aveu et dénombrement au comte de la Chaussée d'Eu, tuteur de Mlle de La Trousse. Il n'en avait que la seigneurie ou domaine direct; le domaine utile ou propriété appartenait au seigneur de La Trousse.

La seigneurie s'est éteinte en 1789 et le domaine de Candilly s'est confondu définitivement avec celui du marquisat.

IV. — Fief de Lury

Le prieuré de Saint-Pierre et Saint-Paul de Reuil-en-Brie de l'ordre des Bénédictins possédait à La Trousse une ferme dite de Lury avec 250 arpents de terre environ.

Devenue bien national, elle a été vendue au district de Meaux, le 4 mai 1791, moyennant 56,500 livres à Sébastien Marleux, meunier et laboureur à Vieux-Moulin; elle est restée dans sa descendance jusqu'en 1860 et depuis a été réunie au nouveau domaine de La Trousse.

V. — Fief de Vieux-Moulin

Ce fief situé à l'ouest de La Trousse, vers Lizy, sur la rivière d'Ourcq, était au xv° siècle et est resté durant tout le seizième, entre les mains d'une famille d'avocats au parlement du nom de Michel. Il relevait pour la plus forte partie du fief de Lury. En 1480, Gilles Michel avait eu l'audace de faire incarcérer dans les prisons du châtelet de Paris, le prieur de Reuil, son suzerain et

---

(1) Il y avait au xvi° siècle à Candilly, ferme et moulin, un cardeur de laine, un musicien ou joueur d'instruments et un notaire Thomas Guillemy dont il est resté quelques actes. Jean Mourette fermier à Candilly en 1721 était violent et brutal. Au sujet d'une contestation avec la veuve Sénicourt, fermière à La Trousse, il commit la lâche et barbare action de couper les queues du taureau et de trois vaches du troupeau de celle-ci.

de lui imposer durant cet outrageux emprisonnement « à un prix très-bas » la réception d'un acte de foi et hommage. Ce débat se termina par une transaction du 25 avril 1480.

Nouvel aveu et dénombrement fut fourni sans contestation au prieur de Reuil en 1501 par Denise Le Picard, veuve de Jacques Michel qui le réitéra en 1504. En 1510 (8 mars) Jacques Michel, son fils, figura comme seigneur de Vieux-Moulin au procès-verbal de réformation des coutumes de la prévôté et vicomté de Paris auxquelles sa seigneurie était soumise (1).

Un de ses descendants, portant aussi le nom de Jacques, céda le 20 octobre 1607 (Volleron, notaire à Paris) sa terre et seigneurie de Vieux-Moulin à Sébastien Le Hardy, sieur de La Trousse, grand prévôt de France, en échange de 1.000 livres de rente perpétuelle au capital de 12.000 livres, due par Françoise d'Orléans, princesse de Condé.

Cette terre et seigneurie comprenait alors un petit corps de logis, granges, étables, bergeries, cour et jardin, cens et droits seigneuriaux avec 200 arpents environ de terre labourable, prés, îlots, à la mesure de 18 pieds 4 pouces pour perche (35 ares 46 centiares) mouvant en grande partie du prieuré de Reuil et pour le surplus du seigneur de Lizy.

Plus un moulin à blé sur la rivière et les places où étaient auparavant deux moulins, l'un à drap, l'autre à l'huile, mouvant en fief du seigneur de Cocherel.

Ensemble le droit de rivière depuis le rû de Geoir devant la porte de la ferme jusqu'au rû d'Ocquerre, mouvant du même seigneur (2).

Le fief de Vieux-Moulin resta dans la descendance de Sébastien Le Hardy jusqu'en 1781, époque à laquelle la comtesse d'Harville vendit à Sébastien Marleux les immeubles le composant. Elle se réserva la seigneurie directe, c'est-à-dire le droit de haute, moyenne et basse justice qui y était attaché, les cens, lods et ventes, la chasse ; elle chargea l'acquéreur lui-même de payer à perpétuité à titre de cens, 10 sous pour les bâtiments et 4 deniers par arpent

(1) Les Michel étaient aussi propriétaires d'un fief dit de Galhaut au Plessis-Placy.
(2) Archives nationales F 14, 684 à 688.
Trois arpents de terre environ dits le fief de Vaugenou relevaient du château de Lizy ; Jacques Michel en avait en 1583 fourni aveu et dénombrement à Louise d'Orgemont, veuve de Louis du Broullat, dame de Lizy.

de terre labourable et pré, taux auquel étaient soumis les terres et prés de roture enclavés dans la seigneurie de Vieux-Moulin (1).

Le moulin à blé de Vieux-Moulin avait droit de banalité sur les habitants de Crépoil, Cocherel et La Trousse, c'est-à-dire que les habitants de ces localités devaient faire moudre leurs grains à ce moulin et non ailleurs ; il en fut de même à partir de 1727 pour les habitants de Mary ; le prix de la mouture était d'un minot sur seize.

Le moulin à huile détruit en 1607 fut rétabli ultérieurement pour être ensuite transformé en moulin à farine.

En 1632, lorsque Folligny et consorts firent dans la rivière d'Ourcq les travaux nécessaires pour la rendre navigable, ils construisirent à Vieux-Moulin un canal d'accommodation pour la navigation et s'obligèrent à payer au seigneur de Vieux-Moulin une rente annuelle de 75 livres tant que durerait leur concession, et lorsque plus tard le duc d'Orléans prit possession de la rivière et de sa navigation, la rente due à la terre et seigneurie de Vieux-Moulin fut fixée à 50 livres par an (2).

De la seigneurie de Vieux-Moulin, quelque modeste qu'elle fût, relevaient comme arrière-fiefs le fief de la Grand'Maison de Mary et aussi le fief de Condé en la même paroisse. Les seigneurs de ces fiefs devaient foi et hommage à celui de Vieux-Moulin, comme celui-ci en était tenu envers d'autres. Nous donnons, parce qu'il est peu étendu, le texte d'un des actes de foi et hommage fourni au seigneur de Vieux-Moulin.

« Aujourd'hui troisième juin 1601 après-midi, en la présence de » moi Claude Guyot, notaire royal à Lizy-sur-Ourcq et des témoins » souscrits : Antoine Destanaye, écuyer seigneur de Mézières, » Grandchamp en partie et du fief de Grandmaison sis à Mary, » s'est transporté au lieu seigneurial de Vieil-Moulin près Lizy » où étant, il aurait à Aubry Dugland, fermier, receveur et admo- » diateur du revenu de la terre et seigneurie dudit Vieil-Moulin, » demandé si noble seigneur Jacques Michel, écuyer seigneur du » dit Vieil-Moulin était audit lieu et hôtel seigneurial, ou autre-

(1) En 1557, sur la seigneurie de Vieux-Moulin, à côté des 200 et quelques arpents de terres nobles, se trouvaient 155 arpents de terres de roture appartenant à environ 30 censitaires. Il en existait 39 en 1785 pour 136 arpents (aveu et dénombrement fourni par la comtesse d'Harville au cardinal de Bernis, prieur de Reuil, suivant acte devant Mᵉ Bonnet, notaire à Lizy, du 29 avril 1785).

(2) Voir la notice sur Lizy-sur-Ourcq.

» ment si lui avait mandement, pouvoir et puissance de recevoir
» à foi et hommage les vassaux et sujets dudit fief de Vieil-Mou-
» lin, lesquels le dit sieur du fief de la Grandmaison de Mary veut
» et entend faire à cause dudit fief à lui appartenant à cause de
» Charlotte de Lannoy, fille et héritière de défunt Houdard de
» Lannoy, ledit fief mouvant dudit Vieil-Moulin : le dit Dugland
» a dit et fait réponse que le seigneur de Vieil-Moulin n'était au-
» dit lieu, mais qu'il croyait être par la Ville de Paris où il fait sa
» principale résidence et qu'il n'avait charge de recevoir aucune
» foi et hommage. Laquelle réponse ouie, le dit sieur Destanaye
» s'est transporté devant la principale porte et entrée dudit lieu
» seigneurial de Vieil-Moulin et après avoir appelé à haute voix
» par trois fois le seigneur du dit Vieil-Moulin, le sieur Destanaye
» le genouil en terre, la teste nue, sans épée, dague ni éperons, a
» fait la foi et hommage et porté le serment de fidélité qu'il est
» tenu faire et porter audit seigneur de Vieil-Moulin à cause du
» fief de la Grand'Maison de Mary, tenu et mouvant du dit sei-
» gneur. »

L'ancien domaine de Vieux-Moulin s'est divisé ; la ferme et les
terres sont encore dans la descendance de Sébastien Marleux et
appartiennent aux enfants de M. Désiré Chayaux, son arrière
petit-fils ; le moulin après avoir appartenu à la Ville de Paris est
aujourd'hui la propriété de M. Desplanques, négociant à Lizy, et
la maison d'habitation bourgeoise appartient à celui qui écrit ces
lignes. Il y a succédé à M. Frédéric Benoist, notaire honoraire,
conseiller général du canton de Lizy, son beau-père.

§III. — ÉGLISE. — PRIEURÉ DE MARNOUE. — CHAPELLE SAINT-DIDIER. — CHAPELLE DU CHATEAU DE LA TROUSSE. — DIMES. — VENTE DE BIENS ECCLÉSIASTIQUES. — ETAT ACTUEL

I. — ÉGLISE

A. L'église d'Ocquerre est dédiée à Saint-Étienne. C'est un édifice très-intéressant de la fin du XIIe siècle. Monseigneur Allou,
ancien évêque de Meaux en a donné la description suivante :

« Le portail cintré présente deux lourdes archivoltes à retrait,
» sans aucun ornement : les fenêtres de la nef et du chœur sont
» également cintrées : la voûte du chœur est ogivale ainsi que les

8

» petites arcades qui ornent les deux murs latéraux. Ce chœur
» renferme des chapiteaux extrêmement curieux ; le pilier à gauche
» présente du côté de la nef trois personnages dont le premier bat
» une espèce de tambour et dont la deuxième tient avec une corde
» le troisième qui paraît danser la tête en bas. Sur le pilier opposé
» on voit un guerrier armé d'un bouclier. Du côté du chœur les
» piliers sont flanqués de colonnettes qui offrent à gauche plu-
» sieurs figures entremêlées de feuillages ; celle du milieu est une
» tête de démon à deux cornes ; à droite deux figures avec des dra-
» gons se repliant sur eux-mêmes et dont la queue est terminée
» par des têtes humaines. Au fond du sanctuaire la colonne à
» gauche présente deux têtes mitrées entre des feuillages ; à droite
» trois colonnettes ont pour chapiteaux trois grosses têtes dont
» celle du milieu est couronnée, et des lézards sont entrelacés de
» telle sorte que leurs gueules viennent s'appliquer sur l'oreille de
» la tête couronnée et que leurs queues entrent dans la bouche des
» deux têtes de côté. »

Il importe de préserver de toute altération ce curieux monument
de la fantaisie qui régnait dans l'art de la sculpture architecturale
au xii⁰ siècle.

Les deux piliers de l'avant du maître autel sont flanqués de colonnettes avec chapiteaux semés de feuilles d'acanthe.

Derrière l'autel principal dans la muraille se trouve une piscine
dont la pierre fort artistement travaillée porte entre autres ornements trois têtes humaines, une au cintre et deux aux angles.

La clef de voûte au-dessus du maître-autel reproduit un écusson
entouré de quatre têtes.

Les armes des ducs de Gesvres et Tresmes se voient encore
peintes sur la muraille de chaque côté de l'autel.

Deux pierres scellées dans les murs portent les inscriptions suivantes :

L'une : « Cy gissent honnestes personnes Anthoine Julian (Jullien) vivant archer du corps d'hostel du roy et laboureur demeurant à La Trousse, lequel décéda le 3 octobre 1603 et Jeanne Vigo-
reux (Vigoureux) sa femme laquelle trépassa..... lesquels ayant
vécu l'espace de 52 ans ensemble ont baillé quarante sous tournois
de rente à l'église et fabrique de céans à la charge de chascun un
obit le jour de leur trépas ; priez Dieu pour leurs âmes. »

Au-dessus de cette inscription sont représentés le père avec ses
trois fils dont un est prêtre, la mère avec ses trois filles.

Et l'autre : « Cy devant gist vénérable et discrète personne messire Robert Julian (Jullien), déan (doyen) de Senlis, natif de La Trousse, lequel a donné à la fabrique de céans trente livres tournois de rente à prendre sur la maison, ferme et terres siz au village de La Trousse que tient Charles Julian, son frère, à la charge d'un obit solempnel à perpétuité, et deux autres obits etc., etc.

L'inscription se termine par ces deux vers latins dans le goût du temps :

« *Quisquis ades, qui morte cares, sta, respice, plora ;*
« *Sum quod eris, modicum cineris ; pro me, precor, ora* » *(1)*.

Il ne reste aucun autre vestige des inhumations qui ont été faites dans l'église (2).

La cloche de l'église d'Ocquerre porte cette inscription qui indique son grand âge : « Je fus faicte pour Auquoire ».

Il en existait au moment de la Révolution deux autres qui ont été requises par la nation (3).

B. Cure. L'église d'Ocquerre a été donnée en 1135 par le chapitre de l'église Saint-Etienne de Meaux à l'abbaye de Chaâge de la même ville ; par suite la cure était à la collation de cette abbaye. Elle était du doyenné de Gandelu.

Le curé jouissait de 14 arpents de terre, avait droit aux quatre neuvièmes des grosses et menues dîmes d'Ocquerre et de Marnoue-les-Moines, aux grosses dîmes de La Trousse, aux menues dîmes

---

(1) Toi qui es là, et qui vis encore, arrête, regarde, pleure ; je suis ce que tu seras : un peu de cendre ; prie pour moi. Robert Jullien mourut le 9 août 1021. Il avait succédé comme doyen de la cathédrale de Senlis à Jean Vigoureux son oncle, originaire de Tancrou. Il devait être fils d'Antoine et Jeanne Vigoureux. — Ses armoiries sont gravées sur la pierre ; elles se composaient d'un chevron accompagné en chef d'un croissant accosté de deux étoiles et en pointe d'une gerb.

(2) En 1659 la femme de Jean Chéron, maçon à Ocquerre, demandai par son testament à être enterrée dans l'église « là où était son banc », suppliant le prieur et les marguilliers d'y consentir en leur payant leurs droits.

André Martin, prieur curé, fut inhumé en l'église (23 décembre 1705).

(3) Il a été fait à l'église d'Ocquerre en 1653 et années suivantes des travaux importants : il a fallu refaire en entier la couverture du chœur et les deux pignons, refaire aussi entièrement en pierre de taille, chaux et sable, cinq des piliers-boutans de 12 pieds de tour, remplacer les charpentes du beffroi, etc. Ces travaux ne montaient pas à moins de 3.800 livres, près de 20.000 fr. d'aujourd'hui. Ils furent confiés à Nicolas Fourault, « maître maçon et architecte pour le roi en son château de Montceaux ». Ne concernant que le chœur et cancel de l'église, ils étaient à la charge des gros décimateurs, le couvent de Raroy, l'abbaye de Jouarre, le prieur de Lizy, celui d'Ocquerre, et celui de Reuil.

C'est un maçon du même nom, Pierre Fourault, habitant aussi Montceaux, qui, en 1623, avait reconstruit l'église de Coulombs.

de Candilly et recevait du prieur de Lizy, sur les grosses dîmes de Candilly 36 minots de grains (2/3 en blé, 1/3 en avoine), du prieuré de Raroy, à cause du prieuré de Marnoue-les-Moines un muid de grains, des dames de Jouarre trois setiers de blé et un setier d'avoine et une redevance de même nature du prieuré de Reuil.

Il avait auprès de son presbytère une grange dîmeresse.

Le revenu de la cure qu'en 1632 le prieur curé, Pierre Henri, affermait 500 livres sous certaines réserves, n'était pas de moins de 1.000 livres en 1693, lorsque le prieur Sébastien Gérard, après 55 ans d'exercice dans la paroisse résignait sa cure à Jean Cassel et se réservait 350 livres de rente par an pendant sa vie. Ce revenu dépassait 2.000 livres en 1789, soit aujourd'hui plus de 5.000 francs.

La juridiction spirituelle du prieur curé d'Ocquerre s'étendait sur toute la paroisse, même sur La Trousse et son château ; mais en 1615 une ordonnance de Jean de Vieuxpont, évêque de Meaux, sur la demande de Sébastien Le Hardy, sieur de La Trousse, du consentement de Nicolas Potier, sieur de Blancmesnil et d'Ocquerre, de l'abbaye de Chaâge et du prieur d'Ocquerre lui-même, prononça la désunion du village de La Trousse d'avec l'église d'Ocquerre pour être réuni à Crépoil et la création en l'église de Crépoil d'une chapelle succursale dotée de 30 livres de rente perpétuelle par le sieur de La Trousse. Le curé stipula qu'il serait indemnisé des menues dîmes et du casuel et que les grosses dîmes lui resteraient ainsi que les novales et de son côté l'évêque imposa aux habitants de La Trousse l'obligation d'assister au service divin en l'église d'Ocquerre, les quatre grandes fêtes solennelles et le jour de la fête patronale (1).

Le curé d'Ocquerre était assisté d'un vicaire.

C. — La fabrique de l'église d'Ocquerre possédait environ 12 arpents de terre sur la paroisse, d'un revenu de moins de 100 francs.

Elle recevait à charge de services religieux diverses rentes : ainsi en 1660, Marin Biberon, curé de Cocherel, avait fondé en l'église d'Ocquerre un service et obit pour son confrère, Martin Gérard encore vivant, alors prieur curé de cette paroisse et avait

(1) Ce nouvel état de choses qui dura jusqu'en 1792 souffrit toutefois dans ses débuts quelques difficultés ; en 1636 les châtelains de La Trousse refusèrent de présenter le pain bénit et le prieur constatait avec chagrin que ses paroissiens en avaient été privés six dimanches de suite. Autre grief : les gens du château refusaient de faire leurs pâques à Ocquerre.

Une plaque de cuivre conservée en l'église de cette commune reproduit l'ordonnance de l'évêque de Meaux.

donné à cet effet à l'église et fabrique 17 livres de rente foncière perpétuelle. Ainsi encore en 1686, Etienne Revèche et sa femme de La Ferté-sous-Jouarre fondèrent en la même église divers services.

D. — Le presbytère et le cimetière étaient situés auprès de l'église.

Le presbytère a été vendu nationalement (voir plus loin) et est depuis resté propriété privée.

A l'égard du cimetière il a été transféré, dès 1789, au nord du village et l'emplacement resté libre est devenu place publique. Un règlement de 1878 autorise des concessions perpétuelles et temporaires dans le nouveau cimetière.

II. — Prieuré Saint-Nicolas de Marnoue

Il existait au hameau de Marnoue un prieuré fondé en 1135 par Marguerite de Marnoue, sous le titre de Saint-Nicolas. Ce prieuré desservi originairement par trois religieux, puis tombé en commende, dépendit d'abord de l'abbaye de Saint-Martin-des-Champs de Paris. Au xvii° siècle il passa à l'Oratoire. L'abbaye avait laissé tomber en ruine ce petit monastère ; les oratoriens établis à Raroy par le duc de Gesvres éprouvèrent le désir naturel de le réunir à leurs possessions et à la suite d'arrangements conclus avec le cardinal Ludovisio, abbé commendataire de Saint-Martin-des-Champs, le Père François du Mas, fondé de pouvoirs de Pierre de Bérulle, supérieur général de l'Oratoire, en prit possession le 14 février 1626, en vertu d'une bulle du pape Urbain VIII, du 10 mars 1625. Le roi confirma cette union par lettres patentes du 11 mai 1636 et à défaut du Parlement qui durant sept ans refusa de répondre à la requête qui lui avait été présentée, un arrêt du conseil privé du roi du 16 septembre 1644 déclara l'union définitive.

Cependant un religieux de l'ordre de Cluny, Dom Pierre-Charles protesta contre cette union, obtint en cour de Rome un *dévolut* sur le prieuré de Marnoue et forma opposition à l'arrêt du 16 septembre 1644 (1). On transigea et une sentence des requêtes du Palais du 6 septembre 1653, homologuant la transaction, maintint les Pères de l'Oratoire en possession du prieuré de Marnoue à la charge de payer aux religieux de Saint-Martin-des-Champs

_____

(1) Un dévolut était une provision du pape pour un bénéfice qu'on lui exposait être vacant par nullité de titre ou incapacité du titulaire.

150 livres de rente et pension annuelle. Il fallut encore traiter avec Dom Pierre-Charles ou plutôt Dom Martin de La Font, à qui celui-ci avait cédé ses droits de dévolutaire et qui s'était hâté de prendre possession du prieuré le 20 mai 1648 (1) ; Dom Martin de La Font donna son désistement moyennant 150 livres de pension viagère (2).

A partir de ce moment le prieuré de Marnoue resta en la paisible possession de la maison de l'Oratoire; il fut uni au prieuré de Raroy en 1663, en échange de deux autres petits prieurés du diocèse de Soissons que le duc de Gesvres revendiquait pour Raroy (3) et il lui resta uni jusqu'en 1790. Il n'y résidait pas de religieux ; Raroy devait y acquitter le service, payer les décimes, les gros des curés des paroisses soumises à la dîme, 150 livres de rente annuelle due à l'abbaye de Saint-Martin-des-Champs de Paris, et entretenir l'église.

Les dépendances du prieuré de Saint-Nicolas de Marnoue, consistaient en :

1° Une chapelle, une maison, grange, jardin ou chennevière attenant à la chapelle ;

2° 54 arpents de terre et pré ;

3° 15 arpents et demi de bois en gruerie relevant de M. le duc de Tresmes, (ce bois est connu aujourd'hui sous le nom de bois de la Gruerie) (4) ;

4° Un dîmage de vignes et terres labourables dit la dîme des Ouches sur Acy à partager par moitié avec le curé du lieu.

5° La moitié des grosses et menues dîmes d'Acy et Vincy dont l'autre moitié appartenait au couvent de Saint-Faron de Meaux et aux religieuses de Fontaines.

Marnoue tenait le dîmage de Vincy d'une libéralité de Regnauld, seigneur de ce lieu et Clémence, sa femme, en 1218 ; il devait au curé du même lieu 15 setiers de blé froment pour partie de son gros, à celui d'Acy, pour même cause 2 muids de grains dont 2/3 en blé et un tiers en avoine et pareille quantité au couvent de Fontaines (Archives nationales, M M 625) ;

(1) Procès-verbal dressé par Guyot, notaire à Lizy.
(2) Acte Béchet, notaire à Paris, 29 janvier 1650.
(3) Voir la notice sur Crouy-sur-Ourcq et le duché-pairie de Gesvres.
(4) La gruerie était une juridiction inférieure connaissant des moindres délits commis dans les bois. Les seigneurs hauts justiciers avaient généralement droit de gruerie : ils nommaient un gruyer, percevaient à leur profit les amendes prononcées, et prélevaient même un droit sur les coupes des bois soumis à leur juridiction. La gruerie du duc de Tresmes siégeait à Gandelu et le bois en question y était soumis.

6° Le dîmage dit la dîme de Chastenoy sur Etavigny ou près de ce lieu ;

7° Un tiers des dîmes de la portion du terroir d'Ocquerre entre Marnoue et Ocquerre, dont les deux autres tiers revenaient au prieur de cette paroisse et au prieur de Reuil. Il était dû au curé d'Ocquerre un muid de seigle sur le tiers du prieuré (1).

Le revenu de ces biens et droits sauf le bois était en 1789 de 1.500 à 1.600 livres.

L'ancienne chapelle sert de ferme ; on y remarque encore les fenêtres cintrées, c'est le seul témoignage resté debout de l'ancien prieuré.

III. — Chapelle de Lury ou de Saint-Didier

Il existait aussi sur la paroisse d'Ocquerre dans le coteau de friches appelées de Lury, une chapelle fort ancienne élevée sous le vocable de Saint-Didier. Elle se trouvait sur le domaine des prieur et religieux de Reuil, propriétaires et seigneurs du fief de Lury, mais était fort délaissée par eux, comme le constatent avec amertume les prieurs curés d'Ocquerre, qui pour la plupart ajoutaient à leur titre celui de curé de Lury. En 1608, elle était tombée en ruine et il ne s'y faisait plus aucun service. Elle n'a pas été rétablie depuis, mais le pèlerinage qui s'y faisait lui a survécu jusque dans le cours de ce siècle. Auprès de la chapelle se trouvait une petite source, encore subsistante, dont l'eau passait pour avoir la vertu de guérir les fièvres. On venait de plus ou moins loin puiser de cette eau bienfaisante et faire ses dévotions à Saint-Didier. Le pèlerin devait, après avoir empli sa gourde, jeter une pièce de monnaie dans la fontaine, descendre à la ferme de Vieux-Moulin, y demander un morceau de pain qui ne lui était jamais refusé, et, rentré chez lui, chaque matin durant 9 jours, boire de l'eau de sa gourde et manger du pain de son bissac ; moyennant quoi il devait espérer sa guérison. Ce pèlerinage est tombé en désuétude. Une croix plantée au-dessus de la source marque toutefois encore le le lieu où fut la chapelle.

(1) Actes Chéronnet, notaire à Crouy, 2 décembre 1712 et 16 mars 1723.

IV. — Chapelle du Chateau de La Trousse

Il existe dans le nouveau château de La Trousse, une chapelle particulière qui, jouit du privilège de relever immédiatement de l'autorité papale et de n'être pas soumise à la juridiction de l'ordinaire.

V. — Dimes grosses et menues

Les dîmes d'Ocquerre et de Marnoue appartenaient en 1786 pour quatre neuvièmes au prieur curé de la paroisse, comme on l'a dit ci-dessus, pour deux neuvièmes au prieur de Reuil et pour trois neuvièmes aux religieux de Raroy. Chaque neuvième était évalué alors 80 livres, soit 720 livres pour le terroir entier.

Les dîmes de Lury appartenaient pour 2/3 au couvent de Reuil et pour 1/3 au curé d'Ocquerre ; celles de La Trousse au curé, et celles de Candilly appartenaient au prieur curé de Lizy à la charge de payer à son confrère d'Ocquerre 36 minots de grain (2/3 en blé, 1/3 en avoine) et au prieur de Saint-Nicolas de La Ferté-sous-Jouarre, cinq minots de même grains.

Il s'éleva vingt ans avant la Révolution, un débat au sujet des dîmes entre Jean-Baptiste Heurlier, laboureur à Ocquerre et Simon Bricout, alors prieur curé de cette paroisse ; Heurlier avait défriché une notable partie de terres incultes situées au-dessous du chemin de Reims ; une déclaration du roi du 13 août 1766 exemptait de la dîme, taille, vingtième et autres impositions pendant 15 années, pour raison des terrains défrichés, ceux qui avaient entrepris des défrichements depuis le 1er janvier 1762 et qui voudraient les continuer. Heurlier n'avait eu connaissance de cette déclaration qu'en 1768 et il avait rempli alors seulement les conditions indiquées par l'ordonnance pour jouir de cette exemption ; dès ce moment les habitants d'Ocquerre cessèrent de l'imposer au rôle de la taille pour raison des terres défrichées. Le prieur d'Ocquerre pour son droit de dîme ne crut pas devoir se soumettre aussi facilement et il traduisit Heurlier, le 13 mai 1768 devant le juge de Gesvres pour faire reconnaître son droit. Le débat fut renvoyé au Châtelet de Paris, seul juge compétent pour en connaître. Une sentence contradictoire du 1er août 1770 maintint le prieur d'Ocquerre dans le droit de percevoir la dîme sur les terres défrichées antérieurement à la déclararation du 13 août 1766 et exempta Heurlier de la dîme pour les terres défrichées depuis. Appel fut interjeté par les deux parties. Nous ignorons qu'elle a été l'issue de ce débat, mais dans un des mémoires produits en ce procès, si le prieur qualifiait son droit de divin, Heurlier faisait ressortir avec autant de force que de justice le sens de l'ordonnance de 1766, qui avait eu pour but l'amélioration de la culture, la protection et l'encouragement des laboureurs.

VI. — Vente de Biens ecclésiastiques

Les biens ecclésiastiques de la paroisse d'Ocquerre furent vendus nationalement. Nous indiquons la date, l'objet et le prix de la plupart de ces ventes avec les noms des acquéreurs :

DATES	OBJET	PROPRIÉTAIRES	ACQUÉ-REURS	PRIX
mai 1791.	La Ferme de Lury et 250 arpents de terre.	Reuil.	Mallé.	56.500 l. »
décembre 1792	14 arpents de terre et pré.	Cure d'Ocquerre.	Gallet.	6.375 »
janvier 1793	14 arpents sur La Trousse.	Raroy.	Meunier.	10.100 »
id.	30 arpents sur La Trousse.	Grandchamp.	Benoist.	10.700 »
février 1793	17 arpents de terre sur Marnoue.	Raroy.	Trouet.	3.650 »
avril 1793	8 arpents de terre.	Cure de Rademont.	Divers.	7.000 »
nivôse an II	150 perches de terre et pré à Marnoue.	Cure et Fabrique d'Ocquerre.	Divers.	2.300 »
thermidor an IV	3 arpents 50 perches de pré.	Cure et Fabrique de Gesvres.	Leclerc.	3.004 17 s.
do »	12 arpents de terre.	Fabrique d'Ocquerre	Robert.	4.635 l. 5 s. 8 d
do »	Chapelle à Marnoue.	Oratoriens de Raroy	Chéron.	270 »
do »	Presbytère.	Fabrique d'Ocquerre	id.	2.170 »
do »	Granges, hangar et 29 arpents de terre.	Oratoriens de Raroy	Vincent.	4.170 7 s.
fructidor an IV	Maison d'école, etc.	Fabrique d'Ocquerre	Leclerc.	574 »

VII. — La Cure au moment de la Révolution

Le curé en exercice à Ocquerre au moment de la Révolution se nommait La Bouverie; Il mourut le 10 février 1791 à 39 ans. Il eut pour successeur Claude Ignace Vernier, ancien membre de la communauté de Notre-Dame-du-Chêne à Crouy, prêtre constitutionnel qui fut officier public à Ocquerre, y célébra le premier mariage civil le 14 mai 1793, quitta la prêtrise pour la vie civile et vécut à Crouy où il mourut.

VIII. — Etat actuel

L'église d'Ocquerre est chapelle vicariale depuis 1862 ; elle est desservie par le prêtre de la commune de Vendrest

La fabrique a recueilli le legs universel qui a été fait tant à elle qu'à la fabrique de l'église de Vendrest, par Nicolas-Hubert Aubry, décédé en 1875, curé de cette dernière commune et desservant d'Ocquerre durant 42 ans.

Ce legs a produit une rente sur l'État français de 174 francs par an.

§ IV. — L'ÉCOLE.

De l'école dans la paroisse d'Ocquerre avant 1789, il est difficile de rien dire : sur ce sol ingrat où le pain du corps était à peine assuré, le pain de l'esprit ne devait pas être recherché. Les hameaux de Marnoue et de La Trousse, éloignés de 2 et 3 kilomètres par des chemins impraticables durant plusieurs mois de l'année, ne pouvaient guère envoyer leurs enfants à l'école : ceux qui la fréquentaient, qu'y apprenaient-ils, quand en 1608 le soin d'enseigner était remis à un enfant de 12 ans « qui faisait ce qu'il pouvait ? »

Dans le cours de ce siècle la commune d'Ocquerre a suivi le mouvement imprimé à l'enseignement élémentaire. Après avoir longtemps enfermé ses écoliers dans une salle étroite, humide, sans air et presque sans lumière, (on a vu plus haut que la maison d'école, en 1789, appartenait à la fabrique et a été vendue nationalement) elle a, en 1878, construit un édifice scolaire comprenant classe, logement de l'instituteur et salle de mairie, avec jardin et préaux. Malgré le changement incessant du personnel, enseignant le progrès est assez sensible ; on le reconnaîtra par le relevé suivant des conjoints illettrés :

DATES	ILLETTRÉS POUR CENT	
	HOMMES	FEMMES
1770 à 1799	27	69
1800 à 1829	14	34
1830 à 1859	14	16
1860 à 1887	6	12

Le traité conclu le 18 février 1837 entre la municipalité et les habitants d'Ocquerre, d'une part et Louis-Nicolas Monneau, instituteur, d'autre part, est un des derniers spécimens des conventions de ce genre. La commune s'obligeait à fournir un logement ou soixante francs par an, 18 francs aussi par an pour le remontage de l'horloge, une miche par dimanche et par feu à titre de distribution d'eau bénite ou à défaut de miche une somme en numéraire, enfin 1 franc par an par ménage. De son côté Monneau s'obligeait à remonter l'horloge de l'église, à sonner l'Angelus à 11 heures toute l'année et à 4 ou 5 heures du matin, 7 ou 8 heures du soir suivant les saisons, à tenir école toute l'année, sauf du 15 juillet au 15 septembre, moyennant une rétribution de 50, 60 centimes ou 1 franc suivant l'enseignement donné à chaque enfant, à assister M. le curé dans toutes ses fonctions et à tenir l'église propre.

Aujourd'hui l'instituteur est un fonctionnaire de l'Etat ; sa situation a gagné en dignité personnelle et en indépendance.

Le conseil municipal a créé, en 1881, conformément à la loi, une caisse des écoles qu'il alimente et qui permet de distribuer les vêtements aux élèves indigents et les fournitures scolaires à tous les élèves. Cet exemple mérite d'être suivi. La fréquentation scolaire est cependant restée très faible malgré la loi sur l'obligation ; aussi les instituteurs, réduits au rôle des Danaïdes, voyant se perdre dans des absences réitérées le fruit de leurs leçons, se découragent et s'éloignent. On ne compte pas moins de 14 instituteurs de 1847 à aujourd'hui dans la petite école d'Ocquerre.

La bibliothèque scolaire possède 49 volumes seulement, elle fait peu de prêts, les livres ne se renouvelant pas. La bibliothèque circulante du canton de Lizy lui vient puissamment en aide et fournit des lectures variées se renouvelant chaque année.

Une caisse d'épargne scolaire fondée en 1881 par M. Méry, instituteur, compte 23 livrets dont 8 délivrés en 1887 sous la direction de M. Maroteau. Cette proportion est relativement élevée eu égard au peu d'aisance d'une partie de la population (1).

---

(1) Il a été obtenu 2 certificats d'études primaires en 1887 sous l'exercice de M. Maroteau. Le titulaire actuel est M. Lefèvre.

§ V. — BIENFAISANCE.

Il n'existe pas de bureau de bienfaisance à Ocquerre, et jusqu'à ce jour, indépendamment des charités individuelles, les secours aux indigents ont consisté dans la somme de 200 francs votée annuellement à cet effet sur le budget municipal.

Par testament du 7 juin 1866 Mᵐᵉ Adèle-Zoé Hallé, native de la commune d'Ocquerre, décédée à Lizy le 29 mai 1886, veuve de M. Auguste Boucher, ancien juge de paix du canton de Lizy, a légué aux pauvres d'Ocquerre, un marché de terre de 3 hectares 15 ares environ sur le terroir de Mary et celui de Lizy, à la charge : 1° De faire dire chaque année dans l'église d'Ocquerre du 6 au 17 juillet, une messe pour le repos des âmes de la famille Hallé ; 2° D'entretenir à perpétuité les sépultures de M. et Mᵐᵉ Hallé et de leur famille ; 3° Et d'employer le surplus du revenu des immeubles légués, dont elle a interdit l'aliénation, en secours à distribuer en nature aux pauvres d'Ocquerre et du hameau de Marnoue-les-Moines seulement.

La commune d'Ocquerre est en instance pour obtenir l'autorisation d'accepter régulièrement ce legs.

Plus récemment (1888) Mᵐᵉ la comtesse de Mony-Colchen née Nathalie Petit de Beauverger a légué aux pauvres d'Ocquerre 100 francs de rente à distribuer par le curé de la paroisse.

§ VI. — TERROIR, AGRICULTURE. — PATIS COMMUNAUX.

Le terroir d'Ocquerre comprenait, d'après le plan topographique levé en 1782 (archives de Seine-et-Marne, C. 46), 1.9 arpents 79 perches (grande mesure) dont 1,567 arpents en terre labourable, 93 arpents en pré et 6 arpents 67 perches en vigne ; reste était en friches (111 arpents 75 perches), en chemins, rivières et ravins, et en sol de maisons et dépendance.

Sur ces 1,946 arpents 79 perches, il appartenait à l'église 3 arpents, aux seigneurs d'Ocquerre et de La Trousse 820 arpents au fief du Chatel 130 arpents. Le reste était de roture.

Les six fermes de quelque importance qui existaient alors, deux à La Trousse (ferme seigneuriale et Lury) trois à Ocquerre (ferme seigneuriale, ferme du Châtel et ferme du Ru ou Platrie) une à Vieux-Moulin, existent encore. Une autre s'est établie a Marnoue-les-Moines ; elles absorbent presque tout le territoire ; une cinquantaine d'hectares à peine leur échappe (1).

Cependant la propriété s'est quelque peu divisée à Ocquerre même ; on compte sur la commune entière 285 propriétaires dont 254 possèdent moins de 3 hectares.

Si on en juge par les baux de la ferme seigneuriale d'Ocquerre, les fermages sur ce terroir, stationnaires et mêmes rétrogrades à diverses reprises de 1660 à 1750, ont pris ensuite un accroissement considérable. Le revenu de cette ferme qui, compris les droits seigneuriaux (2) varia de 800 à 940 livres de 1660 à 1750, était en 1788, non compris les droits seigneuriaux, de 1.800 livres et 50 minots d'avoine, soit pour environ 300 arpents grande mesure, 6 livres 5 sous l'arpent (3). Les prairies étaient fort recherchées ; en 1784, 150 perches de pré se louaient 67 livres 10 sous.

Les prix de vente étaient en rapport avec les fermages ; en 1627, Claude Lamiral, marchand à Lizy, vendait à Anne Robert, veuve Queusse, du même lieu, moyennant 1.700 livres tournois la ferme du rû (Platrier) avec 33 arpents de terre et vigne ; en 1769, 16 arpents 33 perches de terre et pré sur Ocquerre affermés 60 livres se vendaient 1.200 livres ; en 1779, 133 arpents de terre et bois aussi sur Ocquerre trouvaient acquéreur moyennant 37.800 livres et les mêmes immeubles en 1826 atteignaient le prix de 64.060 fr. Le retrouveraient-ils aujourd'hui ?

Sur le terroir de La Trousse les fermages étaient sensiblement plus élevés que sur celui d'Ocquerre. En 1784, la ferme seigneuriale de La Trousse avec 365 arpents de terre et 8 arpents de pré était louée 10,000 livres, 100 minots d'avoine, 600 gerbées et

---

(1) Les deux fermes de La Trousse appartiennent aux représentants de Charles Guillaume Baudon de Mony, acquéreur du marquisat ; l'ancienne ferme seigneuriale d'Ocquerre appartient, comme on l'a dit, à Mᵐᵉ la marquise de Haincourt ; le corps de la ferme du Châtel appartient à M. Lair, les terres en ont été détachées et réunies à la ferme seigneuriale ; la ferme Platrier, qui de 1626 à 1714 environ a appartenu à Anne Robert, veuve Queusse, de Lizy, à son gendre Jean de la Ruelle, sieur duPort et aux descendants de celui-ci, puis à Louis Bénard, laboureur à Ocquerre, appartient aujourd'hui à Mˡˡᵉ Heurlier ; enfin celle de Marnoue-les-Moines, établie dans l'ancien prieuré appartient à M. Buisson.

Elles sont occupées, celles de La Trousse par M. Martin, celle d'Ocquerre par M. Maréchal, le Chatel par M. Danquigny, celle du Ru par M. Pigou, et celle de Marnoue par M. Beckaërt.

(2) Les droits seigneuriaux entraient dans le fermage pour environ 250 livres.

(3) La dîme sur cette ferme était évaluée à 328 livres 10 sous ou 1 livre 2 sous par arpent.

12 chapons. Lors de la suppression de la taille et de la dîme le fermier paya 1.600 livres par an, pour en tenir compte.

L'industrie fromagère vient heureusement en aide aux cultivateurs de la commune d'Ocquerre ; elle est très largement pratiquée à Ocquerre et à Marnoue et atteint à La Trousse dans la ferme principale un maximum rarement dépassé. De nombreuses récompenses ont été accordées dans les comices et concours à M. et Mⁿᵉ Martin pour l'excellence de leurs produits.

La Société d'agriculture, sciences et arts de Meaux, a d'autre part distingué et couronné parmi les ouvriers agricoles de la commune d'Ocquerre :

1844, Gaillet (Jean-René), charretier, 41 ans de service en la ferme de M. Heurlier : médaille d'argent.

1864, Duval (Antoine-Charlemagne), charretier, en la grande ferme de La Trousse, durant 32 ans : médaille de bronze et 60 francs.

1881, Simon (Victor), berger durant 38 ans dans une même ferme : médaille d'argent et 100 francs.

Pour ce qui concerne les impôts fonciers, il y a lieu de se reporter à cequi a été dit à ce sujet sous le § VI du chapitre II.

Les anciens seigneurs de Tresmes, depuis appelé Gesvres, avaient abandonné aux habitants de Tresmes et de Marnoue-les-Moines 80 arpents de terre situés sur Marnoue du côté de Tresmes, pour y mener paître leurs bestiaux, à la charge d'un cens et en outre d'un surcens consistant en un chapon par ménage. En 1639, les cens et surcens se trouvant arrérages, le seigneur, en vertu d'une transaction datée du 14 septembre de cette année renouvelée en 1644, rentra dans la propriété libre d'environ 42 arpents et déchargea les usagers du cens et du surcens, pour le passé, et même pour l'avenir quant aux 38 ou 40 arpents leur restant. Il fit creuser un fossé entre les deux parties, réunit la sienne à son parc, prolongea son mur de clôture dans toute la longueur de cette partie, avec porte cochère sur les chemins limitrophes et construisit aussi un pavillon de concierge, connu longtemps sous le nom de chapelle.

En l'an II les habitants de Marnoue, en vertu de la loi du 28 août 1792, revendiquèrent les 42 arpents que le seigneur avait réunis à son parc ; alléguant une sentence arbitrale rendue en leur faveur, ils s'en mirent en possession et les divisèrent entre 64 têtes composant 13 ménages et formant la population entière du hameau. Mais, en 1807, François Besserat, propriétaire du domaine de Gesvres, réclama contre la possession des habitants de Marnoue-les-Moines et obtint la restitution des 42 arpents litigieux, aux termes tant d'un jugement du tribunal civil de Meaux, du 19 avril 1809 que d'un arrêt confirmatif de la Cour d'appel de Paris, du 26 mai 1810 (1).

§ VII. — LE RÉGIME MUNICIPAL

En 1787 Théodore Heurlier était syndic ; Sébastien Marleux, Hallé et Remi Martin composaient avec le curé et le seigneur le conseil de la paroisse.

Les documents font défaut sur les premières années du régime municipal et sur la Révolution.

Remi Martin était agent municipal sous la constitution de l'an III jusqu'en l'an VIII. Depuis se sont succédé :

MAIRES	ADJOINTS
An VIII. 1834. Jacques-Thomas Hallé.	An VIII. 1835. Etienne-Nicolas Heurlier.
1833. Agrandissement du cimetière communal.	
1834-........ Louis-Pierre-Théodore Delahaye, capitaine en retraite, est administrateur municipal durant l'interrègne.	
1834-1837. Pierre - Théodore Heurlier dit Baron.	1835-1837. Joseph Lemoine.
1837-1843. Joseph Lemoine.	1837-1864. Jean - Pierre - Léopold Nicolas.
1848-1878. Jean-Baptiste Théodore Heurlier.	

1850. Construction avec le concours de la commune du chemin de grande communication de Gandelu à Lizy.

(1) Il résulte des archives de Seine-et-Marne (c. 385) que Marnoue-les-Moines avait en outre à la veille de la Révolution, quatre arpents d'aulnoies communaux. N'ont-ils pas été partagés ?

1858. Construction d'un pont sur le ru Jean Rasset dans le village.

1860. Construction du chemin vicinal d'Ocquerre à La Trousse.

.... Construction avec le concours de la commune du chemin de Lizy à Montigny l'Allier (n° 102) et de l'embranchement traversant Ocquerre sur le chemin de Gandelu à Trilport.

.... Construction du chemin vicinal de Marnoue au chemin n° 102.

1864-1865. Félix - François Jourdaine.

1865-1866. David - Philippe Akin.

1866-1871. Pierre-Etienne Ganet.

1871-1881. François - Marie - Théopile Fournié.

1877. La construction de la maison d'école avec mairie est votée.

1878-1884. Comte de Mony-Colchen.

1878. Construction de la maison d'école et mairie.

1880. Vote des chemins vicinaux de Marnoue à Vendrest et de Vieux-Moulin à Crépoil.

1881-1888. M. Alexis Féret.

1884-1888. M. Jules-Alexandre Martin.

1886. Construction des chemins vicinaux de La Trousse à Lizy et de Marnoue à Vendrest.

1888-....... M. Alexis Féret (en exercice).

1888-....... M. Alfred Pigou (en exercice).

TABLE DES MATIÈRES

Meaux. — Imprimerie DESTOUCHES, rue de la Juiverie,